Lorcan Störtebehk

Verfechter der Subkultur II

Texte mit Bildern, Grafiken

Einige Texte sind in schauspielerischer lyrischer Ich-Form, sprich aus der Ich-Perspektive des Täters, z. B. eines Stalkers geschrieben. Das bedeutet, dass man sich als Leser im Text aus der Sicht des Täters wiederfindet, damit sein krankes Denken und Handeln verdeutlicht wird. Die Texte sind ausdrücklich kein Aufruf zu Gewalt und Straftaten!

Copyright: © 2021 Lorcan Störtebehk
Umschlag & Satz: Erik Kinting – www.buchlektorat.net
Titelbild: Panya168 (depositphotos.com)
Innengrafiken von pixabay.com

Verlag und Druck:
tredition GmbH
Halenreie 40-44
22359 Hamburg

Softcover	978-3-347-47670-7
Hardcover	978-3-347-47676-9
E-Book	978-3-347-47695-0

Das Werk, einschließlich seiner Teile, ist urheberrechtlich geschützt. Jede Verwertung ist ohne Zustimmung des Verlages und des Autors unzulässig. Dies gilt insbesondere für die elektronische oder sonstige Vervielfältigung, Übersetzung, Verbreitung und öffentliche Zugänglichmachung.

Bibliografische Information der Deutschen Nationalbibliothek:
Die Deutsche Nationalbibliothek verzeichnet diese Publikation in der Deutschen Nationalbibliografie; detaillierte bibliografische Daten sind im Internet über http://dnb.d-nb.de abrufbar.

Ich widme dieses Buch meiner Familie und meinen Homies!!!

In Erinnerung an A,, M. und L., wir sehen uns wieder!!!

Besonderes Dank an nerdTaste für die Unterstützung und den Buchwerbeclip für mein erstes Werk „Verfechter der Subkultur"!!!!

Wegweiser

Vorwort 9
1. Unsere Crew 13
2. Sodom und Gomorrha 17
3. Die Königin in der Schänke 19
4. Wunder 23
5. Endless Summer 27
6. Mein Thron 29
7. Der kranke Adler 33
8. Ein endloser Sommer 37
9. Das Schloss des Königs 39
10. Der Champ 43
11. Bei La Catrina 47
12. Entertainment 51
13. Infotainment 55
14. Die nächste Runde 59
15. Der Soundtrack für unser Leben 63
16. Die Fackel 67
17. Mein Schwert 71
18. Komm, los und jag´mich 75
19. Die andere Welt 79
20. Wer wir wirklich sind 83
21. 24/ 7 87
22. Das Geisterbild 91
23. Zeichen meiner Zeit 95
24. Tropischer Regen 99
25. Der Rebell mit einer Botschaft 103

26. Traumwelt 107
27. Feuer und Flamme 111
28. Komm mit mir 115
29. Es war einmal… 119
30. Unsere Welt 123
31. Es wird Zeit 127
32. Albtraum 131
33. Lasst die Spiele beginnen 135
34. Die Horror- Idioten- Show 137
35. Wie aus dem Vulkan 141
36. Uns kriegen sie nie 145
37. Nervenfeuer (Escape – Room) 149
38. Venedig der Hölle 153
39. Status quo 157
40. Ein Herz in Flammen 161
41. Teufels Gotteskreuz 163
42. Die Pforten zur Hölle auf Erden 167
43. Game over 169
44. Böses Wesen 173
45. Wie Gott mich schuf 177
46. Der Tag der Ehre 181
47. Freier Fall 185
48. Gedankencocktails 189
49. Los! 193
50. Hypochonder 197
51. Kampf 199
52. Die Königin 201
53. Triggerwarnung 205

Vorwort

Moin Leute! Herzlichen Dank, dass Ihr Euch für dieses Werk entschieden habt! Auf den folgenden Seiten meines zweiten Werkes findet Ihr Lyrik mit einer umfangreichen inhaltlichen Bandbreite. Stilistisch ist dies Deutschrock. Also sprich subkultureller Unterton. Wobei ich Nichtsubkulturseelen nicht ausgrenzen will. Jeder, der Lust auf provokative, rebellische, kritische, erotische, alternative und teilweise düstere Lyrik hat, findet hier seinen Geschmack wieder!

Zunächst einmal gehe auf den Buchtitel, „Verfechter der Subkultur" ein, um zu verdeutlichen, was ich damit meine. Fürsprecher der Subkultur! Was ist unter Subkultur zu verstehen? Die Bezeichnung, „Subkultur" wird allgemein als ein kultureller Zusammenhang einer Teilgruppe definiert, der sich gegenüber der Gesamtgesellschaft mehr oder weniger andersartig in Lebensstil und Wertvorstellung verhält (Vgl. Meier 2001: 10)*.

Die, „Subkultur" ist demnach ein Teil einer konkreten Gesellschaft, der sich wesentlich von der herrschenden Institution der jeweiligen Gesamtgesellschaft in u.a. Bräuchen, Einrichtungen, Normen, Wertorientierungen oder Bedürfnissen unterscheidet (Vgl. Meier 2001: 11)*.

Auf den folgenden Seiten halte ich dieser Welt die Spiegel vor. Die geistigen Flächengläser zeigen die Welten der mentalen Gebilde u.a. von Fußballkultur (Ultras), Cosplayern, Corona, Hackern, freie Sexualität/ SM/ Domina/ Fesselkunst, Liebe, psychischen Problemen, Kraftgebern, Überwindungen von Lebenskrisen, Selbstfindungen/ Selbstbewusstsein, Sodom und Gomorrha neu zu beleben, Krankheiten zu besiegen, Stalking, Tattoos, Graffiti, Escape Rooms, Rollenspielern, Spielsucht, Ausbeutung/ Armut/ Kapitalismuskritik, Wutraum, Misshandlung/ Missbrauch, Liebe, Gerechtigkeit, Trash TV, Subkultur/ (gesellschaftliche) Freiheit(en), Freundschaft, Party, Antifaschismus, Tod, Wunder, Hypochonder, Konsequenzen das Böse zu folgen/ nichts zu hinterfragen, Wundern, Freiheit, Pranks (Horrorclown), Exhibitionismus, weißer und schwarzer Magie/ psychischer Kraft, von Ritualen, usw.

Zu den Texten gibt es Grafiken, um die Aussage bzw. das Thema zu verdeutlichen!

Findet hier eure persönliche Verarbeitung, euren Mutmacher/Kraftgeber, eure Unterhaltung, Inspiration, etc.! Des Weiteren soll das Buch auch auf Missstände aufmerksam machen!
Entdeckt euren eigenen mentalen Beidhänder und die geistige Flamme für diese lyrische Tour.

Wünsche euch viel Spaß ...

...und die Reise beginnt...

*Quellenangabe: Meier, Ingo-Felix (2001): Hooliganismus in Deutschland. Analyse der Genese des Hooliganismus in Deutschland. Akademische Abhandlungen zur Soziologie. Berlin: Verlag für Wissenschaft und Forschung GmbH.

1. Unsere Crew

Wir brauchen kein Ouija – Brett, keine Gläser zu rücken, wir sind schon selbst, die bösen Geister, die wir riefen, die wir riefen, wir überfluten das Stadion, rocken die Kurve,
wir haben heißes Luzifer – Blut geleckt, zeigen wir der Welt, die in uns steckt

Hörst du den Mob, siehst du die Rauchschwaden der bengalischen Feuer, der bengalischen Feuer,
den 12. Mann, die verbannten Engel; der Mob ist am Toben, die Lichtfackel und die Symbole werden hochgehoben, wir lassen die Erde beben für unseren Feuerregen, lass es rocken, großes Feuer auf dem größten Brocken

Heute gehen wir geschlossen, die Legionen aus der Hölle und wir treffen auf Hexen, sind nun zu einer Crew fest verschmolzen, Loki wird stolz auf uns sein, wir bringen Chaos und eure müde Ordnung, unser Ritus auch bei blendender Sonne, ein strahlender Mondschein, Rauchtöpfe und Räucherschalen, wir sind Ultras, wir verderben die Welt mit unserer eigenen Magie, wir brauchen kein Buch der Schatten, wie wir die Welt verderben die Welt wütet in unseren Köpfen, in uns zu lesen lernt ihr nie, Bengalos; Räucherwerk, unser Hexenwerk

Dieses Stadion machen wir zum Hexenkessel, wir bedienen uns nur gern mit Magie und mit Ironie, jeder braucht seinen Glauben, seine Rituale, lass uns die Erde leben, wir sind die Helden eines eigenen Fluches, der Fluch unser Segen, unser Feuerregen, uns scheißegal, was in den Karten steht, wir

wollen die Zukunft nicht wissen, egal was in der Kristallkugel geht,
Athame, Kessel, Sicheln und Kelche für das Kräuterfeuerwasser, jeder gehemmte Gott wird jetzt blasser und blasser

2. Sodom und Gomorrha

König Libidos im Gefecht gegen den Schwefel – und Feuerregen, für die Freiheit, für das Leben,
den Zorn des frommen Gottes trotzen,
laut der Bibel sind die Städte der Sünde vernichtet, doch diese Städte haben wir im Untergrund neu erfunden, voller Ausschweifung, voller Frevel und Lebenslust strotzen,
keine Gebote, nur Lustgedanken zu einem lasterhaften Buch gebunden

Das ist Sodom, Sodom und Gomorrha, Gomorrha

Den Beichtstuhl besudelt, aus seiner Sitzfläche ragt ein Dildo, im Beichtraum ficken,
hier werden wir uns unsere eigenen Wunder schicken,
Kerzenleuchter, Schandstuhl, Fickbock, Leder – Teller – Rock,
wilder Wein im Messbecher, Fessel – Säulen, die Wiedergeburt der Städte nie bereut,
Drehkreuz, Andreaskreuz, Graffiti – Wappen an der Wand, Patientenliege und Streckbank

Spiegeldecke und Riesenthron, das Zimmer der Flagellation,
Feuer und Schwefel, den Harmagedon werden wir leben und nicht wieder mit ihm untergehen,
Jack Daniel´s, ein Dauerbrenner wie ein Zuckerguss, das Buffet der Fleischeslust,
Whirlpool, Swimmingpool, wir wollen leben, wir werden leben

3. Die Königin in der Schänke

Sie trägt keine Glatze, keinen Iro, keinen Federschnitt,
ich bleche ihr meinen Deckel und dann sind wir damit wieder quitt,
sie trägt Vintage – Look: Swing – Kleid mit Polka Dots, 100 % Rockabilly- Look,
Kirschen und Rosen schmücken ihre Haut, einen Small- Talk mit ihr habe ich mir schon damals zugetraut, sie trägt Dr. Martens und ein Totenkopf- Bandana, ja, das wäre der Hammer mit ihr durchzubrennen von hier bis zur Toskana

Sie strahlt mich an wie ein Honigschnaps, schenkt mir gerne nochmal ein,
so kann doch nur eine Königin in ihrem ganzen Glanz und Anmut auch im Dunkeln scheinen,
sie ist die beste Barkeeperin in der Stadt, wenn ich sie sehe bin ich völlig platt,
lass mich doch vom Hocker fallen, sie tut mir jeden Biergefallen

Oh, ja, sie ist die Königin meiner Träume,
mit ihr zerbreche ich Stacheldraht und Zäune,
doch, natürlich findet sie mich nett, die Schänke ist ihr Job,
sie trinkt mal einen mit, und singt noch vor Schluss mit miir ein Karaoke – Duett,
doch das ist alles nur ihr Job, nur ihr Job, doch heute, da ist jetzt was geschehen, was ich nicht für möglich gehalten hab,
was ich nie je für möglich gehalten hab

Ich bin voll verschossen in sie, sie passt immer auf mich auf, ruft mir ein Taxi oder hat noch ein Ohr für mich, doch was soll ich sagen? Mit Amor in meinem Herz, wenn ich es ihr jetzt sagen würde, sticht mir Amor mein Herz entzwei, dann wäre die schönste Zeit hier vorbei, doch heute ist irgendwie alles anders, anders als sonst, mein letztes Bier ist von ihr umsonst, sie stellt mir einen Shot vor meine Nase, ich will ihn fassen, da war mein Ende mit meiner Fantasie und dessen Tage

Sie krallt wie ein Raubtier nach dem Kurzen und schluckt ihn runter, zieht mit festen Pranken mich am Kragen, ja es geschehen auch heute noch große Wunder, ein Zungenkuss, der das Feuer brennen lässt,und zu guter Letzt sagt sie zu mir:, , Ich liebe dich, ich traute es dir nicht zu sagen, doch jetzt sage ich es: Ich liebe dich, lass uns durchbrennen, lass uns das Feuer in uns beiden brennen!!!"

4. Wunder

Ich bring die Schöne dazu, das Biest du lieben, den kleinsten Zwerg, den größten Riesen zu besiegen, ich bring den guten Vampir im Licht zu steppen,
ich werde den Werwolf aus dem Fluch für immer retten,
ich heile alle Krankheiten,
ich bin das Viagra für den Potenzlosen für einer seiner besten Zeiten

Ich bring dich tausendmal dazu, die Wall of death zu wiederholen,
ich werde dich vom Engel des Todes holen und dich für eine kurze Zeit wieder ins Leben zurückholen, ich bring La Catrina am Tag der Toten, auf das Parkett zu reisen,
und werde Hydra in alle Stücke zerreißen,
ich befreie dich aus dem Turm mitten im Feuersturm

Ich bin das Wunder, ich schaff'', dass was niemand glaubte,
ich bin die Magie, ich gebe dem König der Tränen das Licht
und dem Blinden drei Augen,
ich bin die Energie, dass dein Leben wirklich zum Leben bringt,
ich bin der Vogel, der den schwarzen Panther niederringt,
und aus Scherben werden Spiegel (2x)

Ich bring den mit Dystonie, sich in der Not an das Schiffsstück zu krallen,
den, der nicht sehen kann, das Irrlicht der Verblendung auszuschalten,

und den der nicht hören kann, den Poltergeist zu entlarven,
ich bring dich aus dem Koma zu erwachen und zerstöre das Opium für die Massen

Ich bringe den König der Krücken zum Sprinten und den Gelähmten zum Winden, ich bringe den Blinden zum Sehen, den Verwirrten zum Verstehen, ich bringe den Tauben zum Hören, er wird die Ruhe der Steppe stören, ich bringe den Stummen zum Sprechen und den Armlosen zum Fechten,
eine gebrochene Hand formt sich zu einer Faust und wie in der Geschichte kommt Dorothy nach Haus

Ich bring den Menschen zum Fliegen, das schwache Schaf den Wolf zu besiegen,
ich bring dich dazu, alle Dimensionen zu passieren, die etwas andere Raubkatze, den Dresseur zu dominieren, ich bin das Löwenherz für die Furchtsamen, ich bin die Unsterblichkeit, der Weckruf, um dich zu warnen,
und aus falschen Feinden werden guten Freunde (2x)

5. Endless Summer

Fuck in the water, a hot summer night in the talons of the devil's daughter,
a slightly different wedding ceremony than a commion one,
tattoo on the main stage,
then speak the starting signal for the circular pit with your unreserved grace

Oh, this the endless summer, our endless summer, our fucking endless summer

We bring hardcore and electro heaven to earth,
sweat, joy and no tears under imaginary palms,
a pogo – heaven here on earth, so swim to the island of your dreams, the island of your dreams

The stadium doesn't just burn with the hot air, we give ourselves our dreams everywhere,
if you've never seen the night stars over the waves, Eva's autumn and fun, vacation under the sun

We give ourselves the summer that never ends because we will never forget it, that's why we'll see you in the pit

6. Mein Thron

Sie sind frei, frei wie der Falke, nur hier bei mir,
sie sind mein Esprit, sie sind etwas, was ich mir selbst geben und mir niemand nehmen kann,
denn mit dem Geist erschien etwas, was mit der Feder kam und kein Schwert jemals durchbrechen kann

Kein Sterndeuter kann sie sehen, kein Nebeltopf sie verdrehen, kein Monsun kann sie verwehen,
kein Gott kann sie brechen und kein böser Geist kann sie besprechen

Denn ich bin frei wie ein Pteranodon, frei wie der Wind,
denn ich bin mein eigener Herr, der Genius meiner Seele,
der kosmische Schlüssel in meine Welt, die freie Muräne im weiten Meer

Denn ein gebeugter Vogel schreit nach Himmel,
doch der aufrechte Vogel ist mit den Sternen,
seine Flügel werden über die Sonne ragen,
denn ein Katana kann die Seele nie zerschlagen

Meine Seele, meine Gedanken, sie sind frei wie der Wind,
der Gegenstoff für die Feuer – Fressen beschissener herrschender Agitation,
meine Seele ist und bleibt mein unsichtbarer Thron,
der Vogel im Gehege sieht nichts vom Himmel, aber wenn er ausbricht, schwebt er in das
Sternenlicht

Unter den dummen Zinkern, Heuchlern und Weidmännern bleibe ich der König der Diebe, blinde Seher, das Kredo der Lügen und schwere Eisen sind der Dreck, den ich von mir schiebe, keine Ketten, keine Schellen können meine Gedanken formen, kein Hammer sie verbiegen, denn keine Machete könnte je den Geist besiegen

7. Der kranke Adler

Ich wache auf, in meinem Schädel tobt Sandsturm, quälen mich Reptilienbisse und knallt ein Flugkörperschall, es brennt lichterloh, das Stechen der Bürden, ein Taifun, der durch meine Hirnströme knallt, Stimmen sprechen zu mir, die, „scheinbar" nur ich hören kann,
meine Gedanken,, ‚die andere, aber besonders du bestens lesen kannst"

Das, was nicht existiert, ist am Leben, in mir tobt ein Beben, warum seht ihr nicht das Wesen, was ich sehe, das was ich sehe? Diese Welt ist mir zu spooky, das schaurige Wesen ist dem Deiwels Zuchtmeister kein Rookie, wie eine Anakonda in schwarzer See, wenn sie traurig ist, ihre Zähren man nicht sehen kann, doch wenn eines Tages das Leiden Einsicht gewinnt, der Geist dann nicht mehr länger zerrinnt, denn wann wird aus der Anakonda eine Fighterin, die wieder nach dem Blutfleisch von Auftrieb und Wandel beißen kann

Der Geist in der OP, DESTRUDOS und ein freier Samurai, der in mir lebt, wem ich Toxin oder Benzin davon gebe, das liegt auch an mir, dass ich kapiere,, ein geschliffenes Schwert der Methodik ist das, was ich forciere

Ich bin der kranke Adler, aber ich werde wieder fliegen, mit Schutzpanzer über Wunden fliegen, über meine Narben siegen, ich werde fliegen, wieder fliegen

Menschliche Fischlichter, sie taxieren mich,
tote Blicke in die Leere, mitten in einem lichtscheuen Licht,
eine Scheinwelt mitten in der Welt, die beide für mich existieren, denn zwei Geister in einem Kopf müssen sich auf beide fixieren, die Stimme, die mir befiehlt, mich um meinen Blick bestiehlt, ich mache heimlich Trichter – Saufen von schwarzen Tränen, werden sie je vergehen?
Dämonen – Fressen an der Wand, die Krankheit fickt meinen Verstand

Ich finde das Kettenhemd und die Heilung für meinen Geist, das Loch aus meinem eigenen Haus aus Gittern, das mein Geist nicht länger schattiert und ich sage: Willkommen in mir, nur in mir, ich zersetze mich nie wieder in mir, ich smasche mein Omen und mein Erdbeben, dann meine Prägung, denn mein Verstand gehört wieder mir, dann bin ich der Retter meines Verstandes aus den Keschern der kranken Welt und der Agonie, ich werde der Kämpfer und Sieger in der Psychiatrie

8. Ein endloser Sommer

Sommernacht – Fick in der See,
die Tochter des Teufels, die Schwester der bösesten Fee,
die erste Rose, Zeremonie aus Sodom, ein Sommer, der mit den Bildern nie vergeht,
gestochene Symbolik auf der Haut mitten auf der Main – Stage,
der etwas andere Ring des Feuer- Paktes, ein endloser Sommer wird immer blühen und wird niemals Staub, ein endloser Sommer, jede Nacht wie ein heller Tag

Dies ist der endlose Sommer, ein Sommer, der nie vergeht,
der nie verging, ein Sommer, der nie, nie vergeht,
unser Sommer, der nie zu Ende ging, unser Sommer, der nie vergeht

Auf der Erde ein Elektro – / Hardcore – Himmel,
Schweiß, Lebensfreude, Delphine, keine Tränen,
das Schwimmen zur Insel unserer Träume,
lass uns zum Feuer, zu den Feuerstürmen gehen

Das Stadion brennt nicht nur mit der heißen Luft,
Bengalos, gute Sodom – Geister erhellen, beleben die verlassene Bucht,
Störtebekers neue Brut, haben wir uns wieder geholt, das vom bösen Kaiser uns geraubtes Gut,
Sodoms neue Zeiten in der Sonnenglut,
unter Palmen ein brennender Strand, Wrecking, Crowdsurfing, Mojitos, wir haben alle Brand

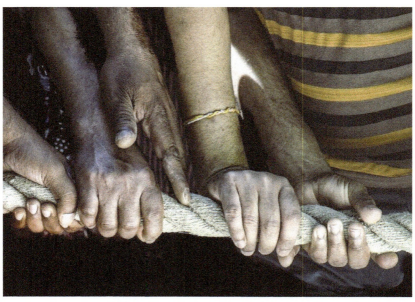

9. Das Schloss des Königs

Du schneidest uns ins Band und baust durch uns eine Wand, du zerteilst und gebietest, du spaltest, deine Krone darf nie ihren dreckigen Glanz verlieren, willst uns mit deiner Manipulation infizieren, freie Arbeitszimmer in deinem Palast, du gibst nicht genug Asche für sichere Arbeitszimmer, ein lauter Schrei, nicht alle Plätze sind frei, doch dort draußen im Wald ertönt jetzt unsere Party, Lebensfreude im Kopf und im Herz, eine helle Sonne auf dem Schwarzlicht – Licht – Shirt, kein Lobbyist alleine im Hotel in der Nähe, der sich an unseren Beats so stört

Und jetzt auch hier eine Meldung an die Serviceleute, dass ein Gedanke, der ihnen schnell entrinnt, dass die Bewerber – Kandidaten ihre Schokoladen – Geber sind

Oh großer König, teile und herrsche weiter in deinem Reich, dein blaues Blut ist eins mit deinem großen Teich, Double Leg Takedown, Knockout vor deinen Toren, die Verlierer können weiter in den Wäldern schmoren, doch mit dem Winterfrost von Nemesis steht dein Reich schon bald in Rost;, für den König die Herde getrennt, der Dümmste will ein Opferlamm, vor und in deinem Schloss dein Scheiß Programm, hinter deinem Schloss lauert das dumme braune Pack, bereit für Opferjagd

Die Stromquelle bei Abruf eingelegt, so weidest du mich aus, für die Zeit, für die du mich brauchst, der Präsentkorb voller Branntwein, Trüffel und verstecktem Speed zur Druckbetäubung für die Zeit auf der Ersatzbank, kommt zum großen Wett – Fressen alles zu vergessen,

das Team gespalten in zwei Trikots, „Schluck oder verpiss´dich!" ganz hemmungslos,
ins Recht eingegriffen, Sündenbock, eine Untertan – Pest, die schockt,
Heuschrecken, Produktion, Niedriglohn

Die braune Blutdurstherde steht giftig vor dem Heim für die Vertriebenen, ‚die angebliche, ‚Luxusherberge", die Zuflucht vor Folter, Bomben, Armut und Schändung auf der Suche nach Frieden, Angst und Trauer im Gesicht, Menschen mit verfickter Residenzpflicht, sie kommen mit ihrem Kahn nicht mit DJ und Luftballons, sondern mit Traumata, Hunger, Blut und Tränen – könnt ihr das nicht sehen? Für euch in, ‚Saus und Braus", schmeißt die braune Seuche aus ihren hohlen Köpfen raus, die Teufels Faust ist geballt, in Amerika und sonst wo gibt es braune Polizeigewalt

Mehr Leistung, Verantwortung= mehr Zitronen, doch hier bleiben die anderen Schlüsselfiguren im Wald, wann wird der große König sie zum Tor seines Schlosses holen? Die gedrückten Gagen und das Abschöpfen ficken die Leistung, denn das Königsschloss ist eine geschlossene Veranstaltung, ich bewahre mir meine Meinung, er speichert euren Schweiß für eine Luxusyacht, vergoldeter Wasserhahn, versnobt und in Herrschertracht, seine dritte Königshand in eure Beutel verschwand, warum steckt ihr Pseudos die Autos der Abhängigen in Brand? Und an euch Scheiß Steinköpfe: Monster und Notzüchter gibt es aus jedem Land, sieht die Kinderleiche am Holiday – Strand

10. Der Champ

Das schwarze Lamm dort draußen, der Dorn in ihren Augen,
so labern, dreschen sie auf dich ein, mit ihrer kleinkarierten Welt,
die sie nur akzeptieren, an dem ihr Herz und Verstand damit zerschellt,
großkotzige Floskeln der Ärsche mit Scheiße vor den Augen,
deine Welt ist viel größer und wilder, darum scheiß drauf und mach das, was dir gefällt

Denn du weißt, dass es noch was anderes außer den Trophäen aus Schweiß im Leben zählt,
wir sind füreinander da, wenn dem blutenden Herz mal der Verband aus anderen Herzen fehlt

Everybody's darling, nobody's darling??! Die Leute, die mich scheiße finden, bleiben die Gleichen, darum brauche ich meinen Weg niemals zu weichen, mich zu brechen, das schaffen sie nicht, ich kenne mein Recht, es wird meine Pflicht, ich zeige ihnen ihren Leichenkeller, glätte meine Wogen, stelle mir meine Weichen, denn ich bin selbst mein Champ, stehe aufrecht in meinem Flutlicht und bin stolz auf mich, denn das ist mein Leben, dafür werde ich alles geben, darum lernt mit mir zu leben

Der Statist, der weltfremde Prinz und das Chamäleon von feigem Konformist dort draußen, sie sind neidisch auf dein Rückgrat, verdutzt über deine Ideale, deinen eigenen Weg zu gehen, sorgt und ängstigt sie, darüber lästern sie, ihr frustriertes Leben fickt sie in ihr eigenes Knie, darum werden sie von deinem nur träumen, sie werden den größten Stern am Himmel versäumen, mit ihrer Enge des kleinen Horizonts es einfach nicht verstehen; auch mit ihrem dritten Auge werden sie den Stern niemals sehen

Ihrem Predigen wirst du immer wieder entgegnen, denn es ist dein Leben, dein Graffiti= deine Klarheit, deine Zeit, du brauchst und kannst nicht jedem schmecken, brauchst du dich nicht zu deformieren, die Laberärsche werden sich selbst demontieren, du brauchst dein Licht nicht unter den Scheffel stellen, denn sie sind und waren nie wirklich dabei, in deinem Leben, waren sie selbst niemals frei, du kannst ihnen Paroli bieten, gehe deinen Weg und das Laber – Gesindel kriegt die Nieten

Den großen Fressen wirst du niemals nach der Schnauze reden, dann lieber mal vor der Mauer auf die Schnauze gehen, um wieder aufzustehen, gefestigt dann die Mauer einzureißen, mit ihrem foulen, bissigen Gefasel wirst du nur an der Mauer dich selbst zerreißen, darum wirst du auf die Energiefresser und falsche Weissager immer wieder scheißen

11. Bei La Catrina

Vom Schicksal leer gebissen, wurdest du unserer Kette entrissen,
der Todesengel gab dir die Hand ins Land, ins Reich, ins Heim des Bruder Hein,
das Tor öffnet sich, kryptische Wesen erscheinen dir in einem Neonlicht,
ein Playmate – Engel serviert dir das Jimmy – Feuer und ihre Flammenküsse wie auf dem Silbertablett und geleitet dich in das Rosenbett

Hier auf dieser Stätte, in den Fetzen der Erinnerungen, dort können wir uns jetzt begegnen, doch eines Tages, da treffen wir uns mit Umarmung wieder, du bleibst unser Jimbo, unvergessen, die Freundschaft bleibt der Sieger

Ja, wir erinnern dich, mit dem, wer du warst, in der Welt, in der du im Sterben lagst,
deine Stätte steht vor deinem Buch aus Stein, wo auch immer du jetzt auch bist, wir werden immer bei dir sein, an diesem Ort der tausend Gräber, dort und in einem anderen Leben, da sehen wir uns wieder, sehen uns wieder, ich hoffe, es geht dir gut, bei La Catrina, noch feuriger, als es hier schon war

Wenn wir zur Erde gehen, kann nur das Schicksal es verstehen, im Irgendwo, dort bist du jetzt, irgendwo da, San Cosme zechen, Sombrero tanzen mit La Catrina, hier im Reich der Toten ist sie reich an Leben, Venus vögeln, mit Bacchus einen heben, auf der Reise ohne Rückkehr, ohne Comeback, doch leimen wir das Schicksal, in neuem Raum und Zeit, mach dich bereit, die Arme sind schon längst ausgestreckt

Viel zu schuldig für das keusche Engelsreich auch am Tag der Toten, die Glocken der von der Qual befreiten Hölle kennen deine Lebensnoten, die Party zum Gedenken, so wollen wir dir neues Leben schenken

In unseren Herzen bist du geblieben, lass uns das Schicksal besiegen, die Unsterblichkeit ist ewig, das Leben ist erst ein Zeiger aus Sand, aber wird dein Comeback durch des Jenseits größte Wand, die Party mit allen zusammen heute in aller Hand

12. Entertainment

Die Sippschaft wird getauscht, wörtliches Wrestling im vollen Rausch,
wen kümmert's, wenn er lieber Sport und sie lieber dafür Werbeclips schaut?
Oder der eine Papyrus statt Esspapier ständig kaut?
Wenn du gerade zeigst, wie du dein Toilettenpapier, „sparst", weil deine Frau angeblich das ganze Papier verkackt, bist du kurz davor, dass du deine Koffer packst

Das ist Trash, das ist Trash, der Satan fickt eure Schädel, stumpft sie alle ab, so wie er es gerne mag

Gegensätze zum Konfliktprinzip, Choleriker, menschliche Makel, Katastrophen – Schmied,
Ares Kinder durch Vorführung, stellt den Pseudo – Weltuntergang auf Dauerschleife der Wiederholung, hoffentlich nicht zur Anbetung, der Erschaffer beringt Bisquit und Champus für die Gaffer, Scharmützel, Feuergefecht, Hirnfick, zerrissener Flick, krasse Ironie, versteckte Agonie

Die Massenverblödung auf den Bildschirmen durch die teuflische Kirmes des Schwachsinns, die Hauptattraktion wird sich lohnen: Der Gehirn – Mixer des Wahnsinns, Psycho – Influencer die Bahn der Irren und ihre eigenen Gespenster, das Publikum sind die Schießbudenfiguren, für sie bleiben vom Dosis – Schock krasse Spuren auf ihren Achterbahntouren

Der Seelenfänger erschient in einem bunten Jackett und der dumme August verkauft Zuckerwatte im Darknet, im Riesenrad des Dissens gibt es an der Spitze keinen Kuss, sondern den geistigen Kurzschluss

13. Infotainment

Gibt es bei euch Tierfreunde, die sind zur Krönung noch Petplay – Freaks auf Elektro – Beats? Gibt es bei euch Volksmusik? Das Wesen, das über 10.000 Tonnen wiegt? Gibt es bei euch Rap – Battle oder Death Metal? Knüppelnacht? Walpurgisnacht? Straight Edge und Wrestling – Match? Extrem – Ficker in Harmonie der Polygamie und wollen nur saufen, großen Partnerhaufen?

Ich will es wissen, ich will es wissen... und mach mich auf die Reise,
macht ihr bei euch in den Feldern Zeichen oder Kreise?
Ich will wissen was bei euch geht? Ob bei euch ein Drache oder ein Yeti lebt?
Habt ihr weiße oder silberne Zähne? Wart ihr schon mal in Corona – Quarantäne?
Ich will es noch erleben, mein, „Alien Infotainment", damit mich endlich jeder kennt

Habt ihr einen King? Gibt es bei euch den Mantelmann mit dem Penisring?
Habt ihr eine Bibel? Gibt es bei euch Tunnelspiele? Chapter, Rapper?
Gibt es bei euch Smart – Speaker? Paintball? Eine Championsliga?
Fallschirmspringer? Sumo – Ringer? Schulterror? Ausgangssperren? Leute, die sich nur von Donuts und Strothmann ernähren? Gibt es bei euch Stadionverbote und Chaostage? Oder ist eure Existenz nur eine Märchensage?

Habt ihr Flogger oder Blogger? Chopper? Pranks/ große Schocker?
Gibt es bei euch Karate oder sogar Mixed Martial Arts?
Seid ihr in Sachen Seifenkistenrennen am Start?
Gibt es bei euch Bitcoins, Dojos, Porno – Stars?
Serienjunkies, verbotene Corona – Partys, buntes Blut, Liebespark? Einen Graffiti Award?

Habt ihr euch ein Sack über das Kinn tätowiert? Habt ihr Prospects? Song Contests?
Habt ihr Podcasts, mit denen ihr den Bezug zur Wirklichkeit verliert?
Habt ihr Techno – Paraden? Ihr habt ihr an uns auch viele Fragen?
Gibt es euch schon seit mehr als 1000 Jahre?
Habt ihr einen GURU? Habt ihr eine Währung? Was für ein Fleisch habt ihr als Ware?
Leidet einer an euch an Tourette? Vermehrt ihr euch im Schweben und nicht im Bett?

14. Die nächste Runde

Der Geist schreit und befreit, will seinen Gedanken mit der Feder in Tinte tauchen,
denn es ist Zeit dem alten Verfall neues Leben einzuhauchen,
es sind Worte der Gedanken, die das Schwert niemals zerschlagen kann,
der Welt etwas zu vermachen in allen Lebensschlachten,
warum sollte ich nur träumen, wenn ich auch wirklich leben kann... und zünde jetzt den Bengalo an ...

Die letzte Kugel haben wir eingelocht, Zeit für neue Bengalo – Flammen in unseren Namen, neues Feuer an jedem Docht, die alte Eiswelt, sie taut jetzt wieder auf, eine neue Saison beginnt, lasst die Spiele beginnen: neue Wege zum Gipfel, nehmen wir gerne in Kauf, sind mentale Ninjas, stolze Gomorrha´s, verderben unseren Ort, denn keine bösen Taten und Ritter bestrafen die wahren Götter sofort

Tätowiere dir ein Flammenherz über deine Wunde,
und auf in die nächste Runde, bitter und besessen wie in der ersten Stunde,
so sind wir mit Choreo und dunklen Blasphemien wieder am Start, die Schöpfer drehen durch, wir sind wieder da, auch in diesem Jahr, auf in das neue Jahr

Wie ein Holzkreuz halten wir unsere gehörnte Hand vor jeden psychischen Vampir,
blutige Rosen lassen dir deine Welt erblühen, dieser Moment gehört dir und mir,

lass uns Flüsse in uns spüren, uns mit neuer Energie infizieren, bevor unsere Träume an Feigheit krepieren, Poker – Face, Full House, die schönsten Engel ziehen einander aus, das Spiel des Lebens kann wieder beginnen, die Würfel sind gefallen, lass es endlich knallen, wir besiegen das Schicksal beim russischen Roulett, der Trank der guten Magier ist längst abgeschmeckt

Den Winter haben wir verdorben, der Winterschlaf war nicht zu kurz, für uns war er keine Kältestarre, die Schneezeit war für uns eine belebte Nacht und Morgen, doch es ist schon wieder Zeit für die Nattern Beute von Abenteuern zu jagen, heute, jetzt und hier und nicht erst auf den nächsten Morgen warten, wir haben noch ein Ass im Ärmel, die letzte Karte, sie wird jetzt fallen, die Legionen der Hölle werden wir heute schlagen, die Kugel Nummer Acht ins Loch dem Teufel in dieser Nacht

Zeit für neue Engel, die den Himmel fristlos kündigen,
Zeit den Apostel der dummen Moral zu entmündigen,
Zeit für neue Träume, Zeit für einen neuen Hafen,den ich nie mit euch bereue,
lasst die Köpfe rollen, wir gehen All – In, mitten in die Vollen,
es ist für immer Zeit für Liebe und Rebellion, diese Zeit, sie wird sich lohnen

15. Der Soundtrack für unser Leben

Tauche in das tiefe Meer, lass alles hinter dir, deine Lunge wird die Kieme, die Flosse wird zum Speer, um die Träume zu jagen, deine Träume zu jagen, schwimme den Weg zurück zu dir, begebe dich auf deine Reise, auf deine Reise, stechende Dramen überstanden, mit brennenden Drachenflügeln wieder im geflicktem Herzen landen, ein Gläserklirren auf die Dämmerung, die nie endet, auf die Sonne, die scheint und nie blendet, auf die wilden Geister aus den Kelchen, auf die Lektionen, auf die Blicke in den neuen Himmel, um sich selbst zu thronen

Lasst uns heute saufen auf das Leben, auf die Freundschaft, auf die Liebe, auf dass, was uns glücklich macht, auf dass unser Himmel wieder lacht,
wir sind Patches, Kettenrüstung über unseren Nähten und das hier ist der Soundtrack für unser Leben, der Soundtrack für unser Leben, lasst uns saufen auf die schönen Erinnerungen, die für immer bleiben bis in alle Zeiten, und auf das, was noch kommt, auf das, was noch kommt, was hier ist bist du, die Sonne und das Meer, du, die Sonne und das Meer

Die Spiegel auf den Feldern, die Spiegel in den Schädeln, mal Erfüllung, mal Fantasie, mal Anker, mal schöne Utopie, lass deine Flügel wachsen, den Boden blühen, das Wasser brennen, die Amazone wird dir glänzen und wir brechen alle Grenzen, dann schwimme zur Sonne, als könntest du fliegen, bis zur Sonne fliegen, Schmerzen von Fernweh auf den Lippen, das Wasser heiß wie das Feuer des Lebens, der Irrweg frostig wie Druden – Titten

Flieg zu den Sternen, treibe zu der Insel der Sirenen, die nie gefährlich sind,
großer Ritter, Feuerkind, lass uns trinken auf neue Juwelen, auf das Gold, das wirklich glänzt, verwehrt der Schweinepriester uns das Glück, dann lass es uns einfach von ihm stehlen,
tauche im Meer zum Stein der Weisen, zu wissen, warum du lebst, warum du lebst

16. Die Fackel

Jagt ein Schatten dich in der Nacht,
so düster und bedrohlich, wie ein Dämon, den man nicht sieht,
du kannst ihn hören, aber nicht in die Augen schauen, wenn er über dich lacht,
doch da ist ein Gefährte, ein Schwert, eine Fackel und Schutzgeist, gut, dass es ihn gibt

Du kannst zerbrechen wie eine Orchidee, darum halt ihn fest in der Hand,
lass ihn brennen, und du stürzt jede Mauer, jede Wand,
es ist pure Magie, Gute gegen Böse, Symbol und Strahlkraft,
er ist dein eiserner Wille, der Fels in der Brandung, aufrecht und befreit auch in der dunkelsten Nacht

Denn er ist und bleibt dein Bengalo, scheißegal, was auch geschieht,
er ist und bleibt dein Bengalo, der den Schatten der Nacht besiegt,
er ist der Beweis für die Liebe unter Piraten, der Schutzwall für die Verbannten,
er ist Zuversicht, Rauch der Revolte, Energie der Gebrannten,
er ist und bleibt dein Bengalo, er ist dein Bengalo, mein Bengalo

Mit seiner Glut ist er die Liebe und die Wut,
Haltung und Freundschaft, der Lichtbringer und Rauchfackel am dunkelsten Tag,
bist du leer und ausgebrannt, dann nehme ihn in die Hand,
denn du bist dein eigener König und ein Ritter im Mob und die Heuchler sind das Pack

Schießen die Dämonen aus der Hölle empor, dann hol´dein Bengalo hervor,
gleich mit dem Rauchtopf, Energie und Feuerkraft, für eine Lebensschlacht,
dein Feuerschwert ist Leidenschaft und Aufstand, cooler Götze und ist vom dummen Gott verdammt

17. Mein Schwert

Geschlossene Welten, kleine Welten, Blitze der Pein, Kränkungen und Beschüsse der engen Schädel, doch dein Zorn gedieh mit besiegten Schranken durch Taten und Gedanken,
wie die Geier auf Aas stürzten sie sich auf mich, aber scheißegal, was sie auch von mir wollten, mit ihrer Maske verloren sie immer wieder ihr Gesicht, denn niemals werde ich so ein Pack, so wie, so wie sie, ich kotzte auf das Los und auf das gebrannte Mal ein für alle Mal, und schrieb das Drehbuch einfach wieder um, ich schrieb die Geschichte einfach wieder um

Für mich und meine Feinde ist das hier das zweite Mal, in dem man sich im Leben sieht, mit diesem Song über meine Feinde und mit dem, was gewesen ist, ist dies ein großer Sieg,
ich flieg nur auf die Fresse, um mich dann wieder zu erheben, für mein Leben Feuerherz und Schwert zu geben, denn mein Fighten ist mein Gewinn, daraus schöpfe ich meine Energie und werde dann im Feuer stehen wie noch nie, denn wer mal verliert, der auch dann lernt und weiß mit dem Sieg, dass er wirklich gesiegt hat und heute ist mein Tag

Ich hab mich immer wieder auf meinen eigenen Weg geführt,
Ehre dem, wem die Ehre gebührt

Endstationen, innerlich gerissen, doch darauf geschissen, denn ich nähe meine Wunden zusammen und stehe in Flammen, Körper und Geist lichterloh, der Stolz ein guter Bro, ich lass mich nicht mehr verwirren, werde mich nicht länger verirren, ich bin Phönix, brennendes Eisen, was wollt ihr mir schon beweisen? Ich habe mich gespalten von eurer kleinen Welt, meine ist viel wilder und viel größer, Zeit sich zu verändern, Zeit sich selbst zu modifizieren, sich mit neuem Stoff zu infizieren

Die Ketten hast du nicht geschmiedet, aber deine eigene Feuertaufe in dir siedet, Dornenbeete und Hexen – Pflanzen wuchern überall, doch frage dich selbst:, ‚Wohin bringen dich deine Schritte? Deine Flügel in Flammen oder ein tiefer Fall? Bringen deine Schritte dich zum Meer oder in deine eigene Wasserzelle? Gelangst in den Abgrund oder gelangst du zu deiner Quelle?"

Ich werde kämpfen und werde siegen, das alte Bild zu besiegen

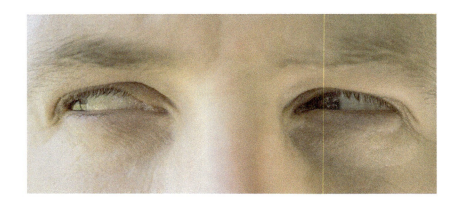

18. Komm, los und jag´mich

Dies ist nicht die Geschichte einer Ermittlerin und einer Schwindlerin, denn du fälschst keine Schecks und druckst sie nicht immer wieder neu, du bist mir keine Meisterbetrügerin, mir keine Nadel im Heu, denn du bist nur besessen von mir, besessen von Neid,
du willst so sein wie ich, darum mach dich lieber nur für dich bereit

Das hier ist kein Katz und Maus – Spiel, nur im negativen Sinne bekommst du Fame,
denn von deiner Dummheit ist schon längst viel zu viel,
du fälschst keine Papiere, keinen Perso und keine Zertifikate, keine Geldscheine, keine Kreditkarten, doch ich bleibe für dich ein menschliches Götzenbild, zugleich eine teuflische Plage, auf mein Wesen wirst du ewig warten

Komm, los und jag´mich, jag mich´durch die ganze Welt,
los und jag´mich, krieg mich, fass´mich, jag´mich durch die ganze Welt,
doch mich einzukerkern, das schaffst du nicht, ich werde niemals deine Geisel sein, denn auch mit mir bist du ganz allein, ich bin nur Ich und deshalb wirst du nie so wie ich,
durch deinen Neid bleibe ich für dich ein grässlicher Fleck quer über deinem Gesicht

Du bist die Meisterin der Fälschung, der eigenen Verfälschung, meinen Reichtum aus Bescheidenheit kapierst du nie,
so bleibst du, die Jägerin ohne Fang, die immer vor sich selber flieht

Deine Visage auf dem Selfie ist nie die Meine, mit mir hast du immer mit dir selber Beef, finde endlich deine eigenen Skills und ich bin dir nicht länger an deiner eigenen Sklavenleine, du sollst nicht meine Songs biten, schreib endlich deine, deine geistigen Ergüsse von Copyright – Raub sind ein Golden Shower auf dich ohne Regenschirm, laser das Tattoo meines Ebenbilds von deiner Stirn, nur in deinen Träumen besäufst du dich mit meinem Blut aus Mut und verspeist für das Schaffen des Escape – Rooms mein ganzes Gehirn

Komm und jag´mich wie eine Schlange den Fisch,
Implantate, Spritzen und Skalpell auf dem Operationstisch,
neue Fresse, neue Titten, Nadel und Faden, du kannst dich selbst nicht länger mehr ertragen,
bin ich dir viel zu schön, dann ritze in mein Antlitz ein, „Kunstwerk" aus tiefen Narben

Ich bleibe dein verfluchtes Backpatch über deinem Kreuz ohne Rückgrat, dir ein schweres Gewicht,
solange du mich verfolgst, bleibe ich die Silhouette deiner Düsterkeit und du siehst nie dein helles Licht, du bist keine Shorty, du bist hässlich vor Selbsthass, zerstöre dein gefälschtes Porträt, nehme es als eine Punchline oder als Weckruf: Wir sind keine Klone, keine Zwillinge, sei deine eigene Heldin, sonst ist es für deine eigene Quelle am Feuer zu spät, du bist keine Gaunerin, keine Spinnenkönigin, die mir immer durch die Netze geht

19. Die andere Welt

Diese Welt ist mir manchmal zu öde, das Gewöhnliche wird mir zu blöde,
da muss es doch noch was anderes geben, ein Feuer, etwas, dass man nie vergisst in diesem Leben, finde ich dich den Ort der geschehenen Fantasie im Weltraum oder doch noch hier auf Erden?
Eine Tropeninsel oder ein Schloss der Magie, dort wo meine Träume keine Schäume sind, ich wäre frei wie der Wind

Ich bin der Hausmeister im Swinger – Klub – Schuppen, werde nicht länger den grauen Kurzen schlucken, ich bin der Superstar bei Netflix oder einmal ein Superheld wie He – Man, Spider – Man, der rote Blitz

*Ich bin der König, König Kupido – der König von Sodom,
einmal ein Tag und eine Nacht, die Ausschweifung 2.0 in vollster Pracht,
mehr als eine böse Tat im Tempel des Fleisches Feuerlust,
ein römischer Besuch einer vestalischen Jungfrau: Ihr Rosenfall und ihre tätowierte Brust dort draußen im heißem Tropenbad*

Die Dinge, die ich hier tue, will ich auch nach meinen Fantasy – Reisen noch weiter trauen,
ich kann fliegen und hexen und so manchen Zaubertrank brauen,
verändere noch mein Geschlecht und werde eine von all den vielen schönen Frauen,

alle Corona – Viren werde ich massakrieren, mit dem Mantel der Unsichtbarkeit jeden Geheimorden ausspionieren, ich habe die Eintrittskarte für das Live – Dabei sein bei meinem Lieblingsstreifen und dann werde ich nicht nur nach den Sternen greifen

Es leben die geilen Eskapaden, ich kann saufen ohne Kopf – und Körperschaden,
Fightclub und Abenteuertrip: Erschlage den bösen Alien, gelange durch den Irrgarten,
danach steige ich in meine Zeitmaschine, gelange in alle Epochen und lass von meinem Schicksal meine Taten in die Geschichte eintragen

Ich stell´mich meinen Ängsten, mach einen Trip nach Oz: Bring die fliegenden Affen zum Stürzen, besiege die Hexe des Westens, werde mir den Weg zum Zauberer von Oz verkürzen, Dorothy kommt nach Haus, ich will danach wieder was erleben, etwas Fantastisches auf meinen Wegen, ab und zu Fantasy – Urlaub ist das, was ich brauch´

20. Wer wir wirklich sind

Wir sind heute Harley Quinn und der Joker, morgen Bonnie und Clyde,
nur zur Show, nicht nach dem Dämonenfick und Pferderaub, dem Damoklesschwert, nicht dem Zerfall geweiht, wir haben keinen Baseballschläger zum Dreschen, kein echtes vernarbtes Clownsgesicht, die Birne nicht reif für Nervenheilanstalt, nur eine 9 mm – Spielzeugpistole, die durch die Gegend knallt

Mal Wonder – Woman, mal Spider – Woman

Wir sind Cosplayer, Cosplayer, für eine andere Welt kostümiert,
nicht nur an Halloween, das ist Cosplay völlig unzensiert,
willkommen in den Welten der Schurken und der Helden, von sich selbst kreiert,
mal gut, mal böse, dem Rest der Welt in wilden Farben präsentiert

Willst du wissen, wer wir sind, wer wir wirklich sind?
Doch wer hinter den Masken steckt, das bleibt verborgen, wie in einem Schattenspiel ganz versteckt, wer wir sind, das werdet ihr nie erfahren, schmeißt euch selbst in Schale eurer Fantasie, dann können wir auf der Bühne gemeinsam feiern, wie in einer anderen Galaxie, mal Ernst, mal gute oder böse Ironie

Wir sind Star Wars, aber kommen nicht aus dem All,
wir sind Manga, kommen aber nicht wirklich aus dem Comic, aber gehen zu einem Art Comic – Ball, wir sind Batman ohne Butler, Superman ohne Superkraft, sind Metawesen oder Heros

von sich selbst erschafft, wir sind Anime, kommen aber nicht aus der Röhre, wir sind World of Warcraft, kommen aber nicht aus der Spielkonsole, sei gespannt, wenn ich dich in unsere Welten hole,

Wir sind Porno – Chicks, aber machen hier auf der Party keinen FSK: 18 – Fick,
wir sind wie Pech und Schwefel mit einem guten Tick und suchen stets den bunten Kick

21. 24/ 7

Sieben Tage will ich dein freister Diener sein, nur du darfst Ich selber sein,
24 Stunden bin ich fest in deiner Hand, durch deinen Arrest habe ich meine Flügel erkannt,
ein Match, ein Deal: 24 Stunden und bis zum Tage sieben bin ich in unsere geheime Welt verbannt

Shibari, schön gefesselt, deshalb am Schweben wie noch nie,
der Sklaven – King ergeben auf seinem Thron, in seinem Sling,
ein freier Flug: Sinnes – Entzug,
die Körper immer, aber nie die Seelen verkleidet,
die Königin und der Sklavenkönig, wer wem die schönste Zeit bereitet?!

24 Stunden und bis zum Tage sieben,
darf ich dich ehren und anders lieben,
eine Woche darfst du mich leiten, 24 Stunden in dein Reich geleiten

24 Stunden und bis zum Tage sieben, darfst du mich besiegen,
lass 24 Stunden dein Feuer in mir sieden, 24 Stunden und bis zum Tage sieben,
darfst du mich formen und biegen
24/7, um tausend Kerzen werden wir nicht nur mit dem Feuer spielen

Ich bring dir was zu trinken, nur an dir darf ich mich selbst betrinken,
der Raum mal hell, mal rot, düster und dann wieder grell,
Bastonade/ Hiebe auf die Füße, ähnlich wie Laufen auf weichem Fell,
mit dreckiger Stimme verführen, das schwarze El Dorado spüren,
böse Teufelinnen und offene Türen,
der Zirkus und Zoo ohne Tiere, doch menschlich auf der langen Bühne vorführen

Unsere Rollen werden wir nie verlieren, im schwarzen Heiligtum werden wir unsere dunklen Feuerwelten immer wieder zelebrieren, nimm die Kugel wie ein Liebesapfel in den Mund und
die Python erscheint dir von hinten in so mancher schönen Stund´,
vom Fick mit der Fetisch – Hexe wie verhext, das Dämonenspiel wird nie zu viel, die Karbatsche nie verwehrt, hier ist der Ort, an dem sich der Mensch nie wirklich vom wilden Tier entfernt, so greift er hier nach seinem schwarzen Lederstern

Ein geheimes Selfie, bleibende Erinnerung verruchter Erwiderung,
dann erst einmal Adios, auf ein Wiedersehen,
aber nach sieben Tagen können wir uns schon nicht mehr widerstehen

22. Das Geisterbild

Ich lebe dafür, dass Mauern fallen,
doch manche Mauern bleiben für die Freiheit stehen,
Aufschrei, Bekenntnis, Attitüde, Liebesschrei, das Leben besser zu verstehen,
Symbol, Club und magischer Wegweiser, Gesinnung und Botschaft, des Lebens brühende Blutkraft, die Wand braucht Kunst, viel mehr Kunst,
die grauen Wände brauchen eine Inschrift in Stein, viel Farbe und Schrift, tief aus meinem Herz auf das ganze Wandgestein

Halls of fame, here is the mirror of my soul without a name,
die graue Welt braucht mehr Glanz und Anstrich, mehr Farblicht auf diese Art und Weise,
damit auch du weißt, warum ich eine noch stehende Mauer trotzdem für eine Mauer der Freiheit preise, die Liebe in Rot verschwimmt mit den Storys aus schwarz, grün und blau, die Darbietungen bester Flow

Mit diesen Worten ist das hiermit, dass ich nicht nur ein Graffiti sprüh,
jetzt spraye meine ersten Minds auf die Wände, damit diese graue Welt endlich erblüht,
ich spraye meine Gedankenbilder aus mir heraus, abstrakt oder eine erhobene Faust,
ich liebe dich, ich will, dass du meine Zeichen siehst, ich spraye Graffitis nur für dich, den Pfeil im Herz aus tiefstem Herz, ich liebe dich, siehst du die Bilder, die Bilder, seht ihr sie, ihr sollt sie sehen, das Leben besser verstehen, das Geisterbild könnt ihr für immer sehen

Der Idiot von Teufel will meine Bilder, meine Zeichnungen weg,
doch er kriegt sie nicht weg, für mich gemalte Philosophie, für ihn der letzte Dreck,
mit seiner Zensur kriegt ihr mein Bild nicht zu 100 weg, es bleibt ein Geisterbild, dass nach neuer Farbe schreit, mein Geisterbild, was für immer bleibt,
mitten im Geisterbild ohne sprayen ein Comment erscheint;
„Fuck the gray world! We want burning life in this life!", so sind wir zusammen für immer vereint

Fading ist gut, Amouren, Spaß und produktive Wut,
der Idiot von Teufel erkennt heimlich sein neues Handwerk tief aus seinem Neid,
doch über das Geisterbild schafft er kein ‚Going over', keine Damageline, denn es bleibt ein Masterpiece bis in alle Zeit

Meine Farben bleiben immer, die des Teufels bleiben nur ein grauer Schimmer,
die Kunst ist tot, es lebe die Kunst quer über die Wand,
das Symbol des Lebens bleibt ein Burner, manchmal wildes Sprühen/ Overkill für den Stein mitten auf diesem Ziegelstrand,
auch wenn mein Schild, meine Signierung auf meinem Geisterbild nicht steht, weißt du mit den Linien, mit dem Feuer der Farben, dass mit dem Comment mein Kryptonym für immer steht, mein Geist hier für immer lebt

23. Zeichen meiner Zeit

Das Buch meines Lebens, Sätze für mein Leben,
dichte ich nicht auf Ton oder auf Stein, ich lass es mir stechen,
auf das Leder, auf das Leder meines Körpers, mal klar, mal verschlüsselt oder ganz geheim,
Mantra und Prana, Geschehen, Träume, Pakt und Verbundenheit,
Spiegelungen, Haltung und Schutzsymbol, Zeichen meiner Zeit bis in aller Ewigkeit

Sie und es ist ein Begleiter von Fightern, Träumern und von Drachenjägern, ich bin kein Seefahrer, aber ein etwas anderer Pirat, für immer und ewig und noch mehr als nur ein Tag, ich bin Freigeist, Meuterer, Linien fließen den Körper entlang, Masken, Feuersymbole eine Schöpfung, die aus den Köpfen und Herzen drang

Ja, wir sind tätowiert, wie aneinander signiert, alle tätowiert,
wir netzen unseren Geist, die Zeichen wissen, was ein gewünschter Fleck auf der Haut wirklich heißt, haben uns auf dieser Art und Weise selbst kreiert, alle tätowiert, in einem nackten Farbgewand die Freiheit erkannt, der Lava nie geziert, wir sind alle tätowiert, tätowiert

Ich bin mir kein Faker/ bin 'ne tätowierte Seele, bin eins mit dem Filling oder mit dem Shader,
Schutzschild, Backpiece/ gestärktes Rückgrat für den schwärzesten Tag,

Lettering quer über dem Leib, Lotusblüte/, Verwirklichung des Selbst, die Flamme der Rose für immer bleibt, immer mit dir geht, und die Wunden, von der Zeit verweht,
so wuchs mir ein Tattoo neuer Tage über Nacht, da entschied ich mich, ich will wieder auf meiner Haut Tinte säen, willst du sie sehen, willst du sie verstehen?

Prana und kein Gift pumpt und fließt durch meine Venen,
und war der Weg auch mal falsch/ dann Cover – Up = ein neuer Weg/ Carpe Diem für heute, für morgen und wie damals, ein Blick in den Spiegel der Seele und der Haut,
mit dem Fass Tinte und anderem habe ich den Zaubertrank für die Haut gebraut,
Sleeve – Tattoos/ die Arme wie brennende Flügel, sie werden leuchten, und das auch in dieser Nacht, und jetzt ist es endlich vollbracht

24. Tropischer Regen

Ich gieße Öl für das Brennen nach meinen Träumen ins Wunderfeuer,
ich will meine Träume in der Wirklichkeit, meine Lebenszeit, eine schöne Zeit,
ich will meine Träume, ich will Abenteuer,
ich will Dschinn, den Geist aus der Wunderlampe,
Rati – Gottheit, Rock and Roll vom Geist aus der echten Wunderlampe

Der dritte Wunsch, der mir in Erfüllung geht, ist der alles zu bekommen,
klingt nach Verarsche oder nach einem Pakt mit dem Teufel, dann hätte jeder Wunsch eine Konsequenz, der Teufel kriegt mich dann, auch wenn ich renn', irgendwann dann meine Wahrheit in seinem Reich verbrennt, ich bin überfordert, besaufe mich, bin von der Verwirklichung total benommen, was ist wirklich bedeutend für mein Leben und was ist Bullshit, wenn ich alles bekomm', wenn ich alles bekomm'

Ein tropischer Regen auf mich, was nach dem Ende kommt, das weiß ich nicht, es zählt bewusst zu leben, was nach dem Ende kommt, erscheint dann auf meinen Wegen, was ist wirklich wichtig? Wohin schweben meine Träume und was ist Bullshit? Neu geboren, keine Zeit verloren, im Paradies zählt es nicht allein zu sein, diese Worte sind der Appell glücklich zu sein, Freude zu schreien, Softie – Sex oder doch lieber Hardcore, lieber Hardcore? Die Sehnsucht ist erfüllt und liegt in Scherben, denn Scherben bringen Glück, zum Glück gibt es kein Zurück, Tor A, B oder C?

Unsterblichkeit, das Einzige, was der Dschinn mir nicht geben kann, was er mir wirklich nicht geben kann, sonst alles, wirklich alles,
war ich bislang kopiert und zensiert, war das wirklich mein Leben oder die Erwartung anderer?
Das Leben, was ich wirklich will, das ich wirklich will,
was ist wirklich von Bedeutung und was ist Bullshit, wenn ich alles bekomm´, wenn ich alles bekomm´?

Den Pool hab ich voll gepisst, ich weiß nicht, was mir fehlt, wenn ich mich selbst vermiss´,
die Sanduhr dreht sich weiter und mein Leben bleibt stehen, denn es geht in Leere weiter,
vor dem Ende will ich den Himmel, in den Himmel, denn ich weiß nicht, was dann kommt´, ob Sukkubus dann für mich singt, ob Sukkubus für mich singt

25. Der Rebell mit einer Botschaft

Die Zeche für eure Scheu, die blecht ihr gerne,
mit einem freiwilligen Niederbeugen vor dem stinkenden Teufel,
nur Nummern, armselige Gesinnungsakrobaten, eurer Armutszeugnis ist ein schwacher Stern unter den schwächsten Sternen,
ihr seid nur schmieriges Fußpack mit dummen Taten

Man könnte denken, ihr Ja – Laber – Fressen seid noch notgeil auf die römischen Duschen der willenlosen Anpassung, die der König der Hölle vor eure Füße wirft, die ihr nur für ihn so gerne schlürft, Abnicker lächerlich und erbärmlich, die nach oben Kotze saufen und sie nach unten wieder erbrechen, morgen der Teufel, morgen der Gott, für wen ist auch egal, geht ihr gerne knechten

Ja/ doch eines Tages, da werdet ihr schon sehen, eure Scheiße endlich zu verstehen,
dann kommt meine Zeit, dann werde ich euch vor die Füße pissen,
dann könnt ihr weiter an eurer Dummheit versiffen

Hier ein Rebell, mit einer Botschaft: Ich scheiße auf euren Thron, auf die Elite, auf die Schleicher, auf eure Juwelen aus erstarrtem Urin, so lass sie einfach in ihre eigene Hölle ziehen

Scheiß darauf, was andere denken oder sagen,
fang endlich an, die Ketten deiner Flügel zu zerschlagen,

die Ächtung, die Missachtung, das Feuer spucken der dummen Brut, deine gedeihende Wut,
erkenne deine Bestimmung, dein Recht und deine Werte, dein Können auf deiner aufrechten Fährte

Wie eine Giftschlange, die den Hals umschließt, am Ort, wo die Schikane bis in die Ader fließt,
die Schwachen und Freischädel mit dem Rücken an der Wand, doch jetzt ist Aufschrei, Kleingeister, eure Zungen sind längst verbrannt, eure Moral: Sich den Riesen verneigen, auf die freien Geister scheißen und nach den Wichten schmeißen, ihr dachtet die Pein, es wäre nur ein Spiel, doch jetzt ist Game Over, vor euren Füßen werde ich kotzen, nur verlogene Teufel, die um eure Heuchler – Köpfe kreisen

26. Traumwelt

Donners Zorn knallt über die müde Welt,
auf dem Papier, Gedankenbilder, unsere Träume,
sie werden magische Schlüssel, magische Schlüssel in das Portal in eine andere Welt,
mit dem Gewitter, den Blitzen, dem Regen öffnen sich die Gitter,
das Tor, ein Loch, ein Portal, es öffnet sich, ein mystisches Licht

Wir teilen die Meere, ja, wir werden sie brechen,
wir sind der Mob, zünden Pyros auf dem Gipfel des Vulkans,
ficken mit Dryaden, Bäume, die mit uns sprechen, zeigen uns den Weg, den Weg in die andere Welt,
hier fällt kein Laub, aber Goldfunken, diese Welt ist in Wunder versunken

Ja, hinter den Blitzen, hinter den Donnerwolken, da ist unsere Welt, die Welt der Wunder,
die Stadien leben, die Kurven beben, mit schwarzer Magie wollen wir uns messen, von Aphrodite wie besessen, wir stehen in Flammen, ein Wesen, das niemand kennt, ruft mit Schwertern nach unserem Namen, komm mit uns, in die Welt, in die Welt der Wunder, eine Welt, die du nie vergisst, die du nie vergisst

In den Rahmen der Wandbilder, die durch die Lüfte schweben,
rocken schöne Erinnerungen einfach weiter, Circle Pit – Freaks, die sich darin bewegen,

ich starte Crowdsurfing auf unsichtbaren Händen über Flüsse tanzender Anakondas, Anakondas, Laserschwert und Zaubertrank in Kampf gegen böse Mächte, Replay für die schönen Momente, sie immer wieder zu erleben, hier ist für jeden ein unsterbliches Leben

Wenn du wirklich daran glaubst, fließen durch die Seen Whiskey und ein ganz seltener Wundertrank, schwebend werden wir zu leuchtenden Sternen schwimmen, verstoßene Engel fliegen hier immer wieder entlang, Verwandlungen bis der Himmel nicht mehr steht, alle wie von Sinnen, wenn wir mal gehen, kommen wir wieder, die Welt der Wunder immer wieder neu belebt

Die Ernte ist hier immer verkommen, denn wie ihr ja alle wisst, sie dann nur eine gute Ernte ist,
Affen, Tukane und Werwölfe, die mit uns tanzen, Tantra mit Aphroditia, eine Fee/ drei Wünsche, eine freie Welt ohne Regeln, lasst uns alle tanzen, Hexen weißer Magie machen Feuerwerk, am Himmel in Flammen erleuchten unsere Namen, die Liebe meines Lebens, ich nehme sie mit in eine andere Welt, in die andere Welt, ein glühender Kuss, Liebestrank bei Sonnenuntergang

27. Feuer und Flamme

Du bist eine kleine Magierin,du hast dich tief in mein Herz gehext,
lass uns zusammen verschmelzen, zusammen brennen,
lass uns ins Paradies unserer Träume rennen

Ich gehe durch alle Irrgänge und durch alle Mauern, durch jede Drachenhöhle gelange ich zu dir, zu dir, das Ende aller Welten ist nicht zu weit für mich, für dich, dir zu beweisen, dass ich dich liebe, dich wirklich liebe, nun bereit es dir jetzt zu zeigen, mit diesem Song, mit diesen Pfeilen, mit meiner Seele und dem Himmelsschreiben

Denn du bist mein Leben, mein brennendes Herz,
du bist meine Liebe, ein heilender Schmerz,
die Königstochter, die liebt und nicht regiert,
die Flamme meines Lebens in Haut, Herz und Seele liiert,
du bist meine Steinrose, weil eine Rose aus Stein nie verwelken kann, nie verwelken kann

Du bist mir, dass, was ich dir reiche,
eine wilde, blutende Rose im Stein und im Herz, gar nicht so zierlich,
sie ist viel zu stark, niemand kann sie zerbrechen, unsere Liebe kann niemand brechen,
unsterblich wie Transsylvanien, kein trügendes Licht der falschen Engel, der falschen Engel

Ich suchte dich, jetzt bist du da, zu dir war es mal weit,
doch jetzt bist du Feuer und Flamme, nicht mehr im Nebel,
jetzt getautes Nebelkleid,
wir sind wie ein reißender Strom, der nie enden wird,
so stürmisch, für den Himmel zu unrein, mutiges Löwenherz,
die Liebe, die nie enden wird, so soll es sein, tausend Rosen,
eine endlose Kraft, eine endlose Kraft

28. Komm mit mir

Komm und reich mir die Hand, ich bringe dich in eine Wunderwelt, ich bin mir sicher, dass dir diese unsichere Welt gut gefällt,, ‚Böse Alice" heißt unser Fake – Name,
sind Grauzone, von Locksleys Nachahmer und Verbrecherflamme,
an müden besoffenen Wachen der Nachbarwelten kommen wir schnell dran vorbei,
Black – Hats, Grey- und White Hats, Phantome mit Künstlernamen in mancher Kartei

Das Zauberwort heißt, ‚Backdoor", ab durch die Hintertür, wir stehen mit dem trojanischen Pferd vor euren Toren, keine Mandeln, keine Zuckerstangen, nur Daten, viele Daten ist das, was wir uns holen

Komm mit mir, reich mir die Hand, ich bringe dich ins Wunderland,, ‚ Böse Alice" unser Fake, ob gute oder böse Magie, entscheidest du selbst, lerne die Sprache der Maschinen, ob gut oder böse, wie weit du gehst, wie weit du wirklich gehst, das musst du selbst wissen, was du wählst, was du wählst,
manche sind hier schon verbrannt in diesem Zauberland, manche bleiben Phantome, manche Sterne, manche Banditen, ich kann dir hier wirklich alles bieten,
ob böse oder gut, doch ich verrate dir: Wenn du böse wirst, verglühst du in deiner eigenen Glut

Alexa, die plötzlich um Mitternacht Trash Metal – Texte spricht, die Guten bringen Verbrechen ans Tageslicht, die bösen

Panzerknacker im Netz werden euch alle Konten stehlen, werden euren letzten Cent in ihren Händen zählen,und dann kommt noch vom Phantom X Rufmord- Terror, der Rufmord – Terror,und heute ist für die Rechnerteufel wieder Jahrmarkt, welch ein schöner Hacker – Tag

Mit der Geisterbahn in der Datenautobahn, in der man die Geister gar nicht sieht, aber merkt, was sie böses tun, sich als Superhelden verstellen, nur ihre Stimmen kann man hören, sie kommen als Erste Hilfe/ als sonst was, auf jeden Fall als Fake, sie wollen deine Kohle, und werden vielleicht noch weiter stören, mit Hoax werden der Gaukler und der Wahrsager euch bescheißen, mit Märchen von Viren, Krankheiten, die es gar nicht gibt, mit einem Seemannsgarn von Reparaturen, dass sich der letzte Balken biegt

Das Netz, der Jahrmarkt, schon lange von Giftspinnen, von Gaunern befallen,
der Dämonen – Clown macht erst Witze, dann Hypnose, um euch auszuspionieren, mit einem speziellen Quacksalber in den bunten Hallen, ein virtuelles Karussell, das nie still steht, weil das trojanische Pferd auf diesem Markt hier in vollen Zügen lebt, der Zauberer täuscht euch in Sachen Pishing mit ein paar Zaubertricks und mit Freundes – Anfrage mit einem nacktem Bunny, mit einem nacktem Bunny

29. Es war einmal…

Die Flasche zerschmetterst du an der Wand, an Destrudos bist du schon längst verbrannt, dieser Tresen ist kein Thron, nur ein eigener Käfig, doch du wirst deinen inneren Feind entthronen, denn Scheitern ist keine Schande, nur Lehre, darum erleuchte deine Sterne, zu viel Schlusslicht, doch drauf geschissen, jetzt ziehst du einen Schlussstrich, Zeit für neues Licht, zur Hölle mit dieser Qual, das Feuer hat ein Zuhaus´,denn zwei Hände sind mehr als eine Faust, aus dem Abgrund bist du nun zum Gipfel erhoben, reißt du Pfeil und Bogen, den Laserdolch, magische Schriften aus dem Boden

Setz ein Zeichen, ein Denkmal der Geschichte, deiner Geschichte,
sei der Wolf, der Adler deiner Fabel, zerstöre Utopia, die Mären,verbrenne die Göttertafel, keime auf, fang an dich zu wehren, der Blutsauger will eine Kopie eines anderen oder von ihm selbst für dich und verspricht dir das Licht und hinterlässt dafür dir nur Narben und Zysten, du willst dich nicht mehr vermissen,, „Innerlich zerrissen" ist der Kerker, den du zerstörst, weißt du nicht mehr wer du bist, dann finde heraus, welcher Wolf, du wirklich bist

Zerstöre den Mythos der Blender / das Werk der Idioten, denn das hier ist der Stern, wo du bist, welcher Wolf du wirklich bist,das hier ist kein Märchen, es ist eine wahre Legende, die wahre Legende bist du, nur du, zerbreche das Eisen, zerbeiß´den Granit, du bist das Spinnentier, das den Skorpion besiegt, du bist eine wahre Legende, denn das Fighten, das Auf-

raffen ist dein Sieg, das Fighten, nicht nur der Kelch ist dein Sieg, dein Sieg

Das Wasser aus Feuer wird plötzlich frostig kalt, wenn der Absturz durch den Schädel knallt, der falsche Deuter spielt zu oft mit gezinkten Karten, doch hier ist das Ass in deinem Ärmel und der Joker, das Pokerface zum bösen Spiel, der erste Schritt durch die Wüste der Leere ist nie zu viel, der innere Feind kann viel schwafeln, aber kann dir nichts sagen, der Kartendealer des Lebens mischt die Karten wieder neu, auch für dich wieder neu

Der Lebenssinn im Nebelschleier, was ist der Sinn auf deinem Lebensweg? Zeige ihm, dass auch ein befreiter Gladiator in dir lebt, in dir lebt, hat das Licht, in das du schaust, dich erleuchtet oder dich geblendet? Haben mit deinen Wegen sich deine Sterne zu den Palmen oder zum Dreck gewendet? Du bist die Robbe, die den Hai besiegt, schaff ein Glanzstück aus dem Schutt, der vor der liegt, die Lotusblüte in Löwenblut getaucht, an keiner Glaskugel hast du je geglaubt, geh mit dem Trollkreuz, um dich zu schützen, mit dem Spinnennetz, deine Risse zu stützen

Kein Klabautermann, der dich warnt, jetzt bist du am Steuer, lauter Schüsse vor dem Bug, der Schütze ein lauter Spuk, doch jetzt zeigst du dir selbst, dass in dir ein David für den Kampf gegen Goliath lebt, denn auf dem Grund des Kraters der Zerrissenheit kommt deine Zeit, auch die dritte Hand hast du zur Faust geballt, der Blitz der Befreiung, der dann durch den Himmel der Tränen knallt

30. Unsere Welt

Wir sind die Könige der Meere, Freibeuter, wahre Wesen der Mythen, Störtebeker mit dem Mutagen zum weißem Hai, zusammen durch jeden Strom, der Teufel in unserer Hand, das weite Meer wird unser Strand, gehen aufrecht und stolz, vom Rest der Welt befreit, wir sind mystische Wesen auf dem Drachenschiff auf der Reise, der Drachenschädel am Bug, der bengalisches Feuer speit, für euch ein schlimmer Spuk

Wir plündern die Lockfische eurer Finten und werden euch nie in die Netze gehen, den Abenteuerinseln werden wir nicht widerstehen, darum werden wir mit dem Drachenschiff die Stadien, die Kurven fluten, wir sind die Meister unerwünschter Tugenden, wir sind das gute Pack, Rauchpulver, Choreografien, die Meister wahr werdender Fantasien

Im Beichtstuhl beichten wir:, ‚Herr, wir sind schuldig! Wir haben noch nicht genug gesündigt, vergeben tun wir uns selbst, ganz egal, was der feige Gott dort oben von uns auch hält!"

Ja, das ist unsere Welt,
leben sie so wie sie uns gefällt,
und scheißen auf den Rest der Welt

Rocken wir das Leben, wir wollen nicht im Schatten leben, Feuerwerke, Konfettiregen, füllt euch im Pool, das Wasser voller Scotch, wilde Nixen, die befreite Undine und ihre Schwestern, der beste Sündenpfuhl, lasst die Feuerfontänen in Lillith´s Lustgarten sprühen, das Elixier der Flügel im schwarzen Grün,

Babylonia on the rocks, wahre Wunderlampen, wahre Fantasien an jeden Ecken, und du sagst:,, Du kannst Whiskey von meinem nackten Körper lecken!"

Spray – Welten, wie ein Auge in unsere andere Dimension an der Decke,
Heavy Rock – Pillen als Ersatz für Potenzpillen für fruchtlose alte Säcke,
wir sind nicht auf Cosplay, wir laufen immer so herum, wir schaffen uns auch vor der Tür ein bisschen Ibiza, auch vor Ort kommen wir einmal um die ganze Welt herum

Wir jagen die Priester fort, der Altar wird zum Ort der Rollenspiele, der Fesselkunst, mythische Masken haben wir mit an Bord, den Berg des Feuers werden mit den Töchtern von Asmodi erklimmen, lass uns zu den Planeten der Lüste schwimmen, haben den Sabbat der Besen – Queens einfach neu erfunden in so vielen endlos befreiten Stunden

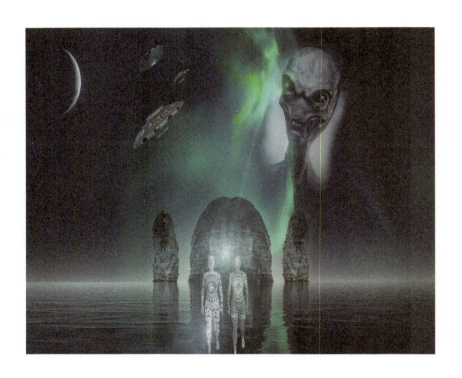

31. Es wird Zeit

Geht bei euch was in Sachen Hipster? Geht bei euch was in Sachen Mosher in Sachen Skateboarder? Gibt es bei euch Lan – Gaming und weiße Flagge – Hisser? Gibt es bei euch Beauty Gurus, Parcour – Freaks, Horror- Halloween – Johnnys auf Minimal – Beats? Geht bei euch was in Sachen Rollenspieler,, ‚Do it- yourself- Attitüde"? Geht bei euch was in Sachen gemischte Kampfkünste, Coming – Out´s? Seid ihr mit Dirty Talk nicht prüde? Kam man bei euch für eine Woche der Superheld seiner Träume sein? Habt ihr ein Teakwondo – Verein? Gibt es bei euch kastrierte Exhibitionisten? Schattenspieler, Pazifisten?

Ja, ich will endlich ins Ufo, ich will ins zweite All,
ich will die volle Dröhnung, den großen Knall, ich will wissen,
wer ihr seid, es wird Zeit,
Seit ihr weit in der Entwicklung von künstlicher Intelligenz?
Habt ihr etwas, was man hier auf der Erde gar nicht kennt?
Habt ihr Mother – Chapters, zehn Geschlechter, voll gesoffene Wächter?
Ich reise zum Mittelpunkt aller Welten! Was sind eure größten Weltwunder? Habt ihr Regeln, die nur für euch selber gelten?

Tragt ihr Glatzen, Iros? Gibt es bei euch coole Party -Atzen?
Gibt es bei euch Rookies in Sachen Freehand – Tattoos, Kanka Manka, Rockstars? Popstars?
Hat Doktor Pest bei euch einen negativen Corona – Test?
Geht bei euch was in Sachen Lucky Punch? Esst ihr Biersuppen? Stecht ihr in Voodoo – Puppen? Tragt ihr auf eurem

Dancefloor Piercings im Gesicht? Fahrt ihr Autoscooter mitten in der Luft? Geht eure Loopingbahn durch ein buntes Disko - Licht? Habt ihr Profil – Fake, eine Loveparade?

Habt ihr für Spenden eine Bankverbindung? Geht bei euch Wettonanieren anstatt Fechten bei eurer Studentenverbindung? Gibt es bei euch einen tropischen Wasserfall oder den Golden Shower? Wie heißt eurer krassester Gassenhauer? Chemsex – Partys oder Verzicht auf alle Drogen? Ich bin Wissenschaftler, ich will es wissen: Habt ihr euch ein soziales Netzwerk gewoben?

Habt ihr coole S.h.ar.p. – Glatzen, Punks, Metaller, Rock ´n´Roller, Hardcore – Freaks, Hip Hop – Freaks, Ultras, oder nur Ultras? Subkulturen are united!!! United!!!

32. Albtraum

Jetzt kommt die krasse Eskalation, für eine Nacht seid ihr im Schlaf gefangen in einem Horrorfilm, als Strafe eurer schlimmen Taten; in euren Schädeln sind keine Märchen, keine Legenden, keine Sagen, es sind die Monster eurer Gewissen, eurer Gewissen, irgendwann holen eure Skrupel euch wieder ein, wieder ein; auch wenn ihr sie leugnet, in euren Albträumen blutet eurer Gewissen

Haut ab, solange ihr noch könnt, doch besser ihr bleibt jetzt stehen, schmeißt euch nicht mehr in eure verlogene Maskerade, ich will eure Reue in Kostümen sehen, eure dumme Scheiße könnt ihr dann endlich verstehen, endlich verstehen! Was habt ihr nur verbrochen? Zu welchen Kreuzen seid ihr gekrochen? Wem habt ihr was angetan? Ihr seid Arschloch – Hirne, die zu den Höllenbahnen ihrer in Schweiß gebadenen Träume fahren

Was sollen euch diese Bilder sagen, das könnt ihr euch nur selber sagen, die ganze Scheiße müsst ihr jetzt ertragen, stellt euch endlich eurem Gewissen, eurem Gewissen, die eigene Hand vor eurem eigenen Gesicht, ein unerträgliches Rampenlicht, dein eigener Mittelfinger zeigt nur auf dich, nur auf dich

Böses Halloween im Albtraum: Du erscheinst da als der kriechende Horror- Angsthase von Opportunist, dort erscheint ein Psycho – Kabarettist, das Zombie – Schulmädchen, der Kopflose, der Krampus auf dem Campus in bedrohlicher Pose, Carrie, eine Splatter – Shorty und die Höllenziege, merkst du in deinem bösen Traum: im Wachen und im Schlaf bist du ein

Mensch ohne Skrupel, ohne Liebe, du fängst an, dich über dich selbst zu beklagen; nach dem Albtraum von Halloween wird auch Robin Hood dich immer wieder durch deine Träume jagen

Zum Schluss erscheint dann auf jeden Fall der Hofnarr, dem das Hirn zur Schulter herunterhängt, und keine schaurig schöne Nonne von Stripperin als krönenden Knall!

33. Lasst die Spiele beginnen

Wir sind Mittelalter, drücken in der Zeitmaschine auf manchen Schalter,
wir ziehen durch den Sherwood Forest, wir sind die Kollegen von Doktor Pest,
wir sind Swinger, du bist der Sub im Zwinger, wir sind Piraten, wir sind Wikinger,
wir sind Vampire, Petlay/ menschliche Tiere hinter dem bunten Gitter,
wir sind Ritter, Donnergötter im schlimmsten Gewitter

Freaks, lasst die Spiele beginnen, lasst die Würfel fallen, Turniere reißen, in andere Welten reisen,
wir sind keine Schattenspieler, wir sind Rollenspieler

Wir gestalten unsere Welten mit Schwertkämpfen, mit Feuerspuckern, mit Theater, mit Hofnarr und Märchenerzählern, wir sind Ladys der Geisterstadt, wir sind Beschwörer und haben die Langeweile satt, das Witchboard für krasse Spiele,die Games sind die besten Opiate für die Massen, wir sind: Dracula, Dorothy und Barbar,wir machen LARP, wir sind Pen & Paper – Gamer, wir sind Adam und Eva

Wir sind Geisterjäger, Voodoo- Hexen oder Meerjungfrauen in tropischen Bädern,
wir wälzen in der Geschichte, stellen die Geschichte auf den Kopf, und präsentieren sie euch, präsentieren sie euch, wir sind Außerirdische, Steinzeitmenschen in fliegenden Untertassen, werden eine Tafelrunde erschaffen, sind Veränderer der Welt, und das alles auch mal ohne gegen Geld, kommt und taucht mit uns ab, in eine andere Welt, in eine andere Welt

34. Die Horror- Idioten- Show

Die Schattenseite der Pranks, manche Streiche sind kein Spaß,
Quäler stürzen sich auf ihre Opfer wie stinkende Geier auf Aas,
Horror – Dummheit kommt auf die Straßen, in Tunnel, in Parks,
an Haltestellen, in dunkle Gassen, jetzt gibt es Panik vor
Clowns, für alle, für alle, sie verbreiten Angst und Schrecken,
lassen in sich sadistische Geister wecken, um ihre beschissenen,
bedeutungslosen kleine Leben diabolische Bedeutung zu geben

Das Hirn ist marode, das Böse in bunter Robe,
schert euch nach Gehenna, der Straßenzirkus der Idioten muss verschwinden,
er soll das Feuer von Gehenna finden

Kettensägen, Äxte, Hammer, Schlagstöcke und Messer,
versteckt, plötzlich da, wie erschrecken Sie ihre Opfer besser?
Dummes Grinsen, bunter Overall, farbenfrohe Höllenmaskerade, das Opfer in bedrohter Lage,
blasser kranker Verstand muss sich schminken oder sich bedecken,
und sie lieben den Schweiß deiner Angst und deine Schreie auf langen oder auf kurzen Strecken, der Bewegungsmelder geht an und aus, an und aus

Am Ende des Tunnels steh ich und warte auf dich, ich beobachte dich,
was du tun sollst, das weißt du nicht,
fang an zu rennen oder bleibe wie versteinert stehen, ich bleibe hier jedenfalls ganz einfach stehen, um dich zu sehen, so etwas

hast du bist jetzt nur durch die Medien gesehen, sieh meine Ballons, sind sie nicht schön oder blutig schön?

Hoffentlich bin ich dir ein Creepy Clown/ halt unheimlich, unheimlich für dich und unheimlich schön für mich, deine Furcht, mehr will ich nicht, will ich nicht, will ich nicht von dir, für ein paar Sekunden oder Minuten gehörst du mir, nur mir, ein unsichtbarer Vorhang, der jetzt für uns beide fällt, die Horror- Show ohne gegen Geld, habe ich ein Ball in meiner Gürteltasche für ein Spiel mit dir mit meinem Knüppel in der Hand? Willst du den Knüppel von mir schlagen oder flüchte besser weit auf das Ackerland?

35. Wie aus dem Vulkan

Du redest, auch wenn du schweigst, du rennst, auch wenn du einfach stehen bleibst,
in dir drin tust du das, was von außen niemand sehen kann, niemand sehen kann,
Einsamkeit und Leere sind deine trüben Engel deiner inneren Schwere,
du bist immer da, aber fast unsichtbar, fast unsichtbar, so wie es schon immer war

Doch das ist jetzt alles verbrannte Erde, Zeit für einen neuen Flügelschlag, du findest deinen Weg und jemanden, der mit dir geht, du bist geboren, um eine neue Welt zu erschaffen, die andere Welt war zu klein, sei mit dir im Reinen, hier ist die Stunde, sich endlich mit dem weiten Meer zu vereinen

*Die Schlange im Glas hat den Dschungel noch nie gesehen, nie gesehen,
doch die Zeit schlägt jetzt für dich, für dein helles Licht, für den Ausbruch, aus der Leere, wie ein Feuerstein aus dem Vulkan, wie ein Freibeuter auf einem unsinkbaren Kahn mit Löwenschädel und Haifischzahn, um deine wahre eigene Welt zu erfahren*

Trage den Talisman/ den Engel des Feuers, in dir kocht dein Schlangenblut, wie Tiger- und Drachenblut, erhebe dich und sei stolz auf dich, sei der leuchtende Stern in eigenem Flutlicht, baue Steinburgen, aus den Felstrümmern, die vor dir liegen,
die Klinge und das Herz kannst du im Feuer des Lebens

schmieden, hier gekreuzte Pfeile und du wirst siegen, dein Leben lieben

Trage Mojo/ das Glück, trage den Adler/ den Mut/ das magische Amulett, das Schutzsymbol / das Trollkreuz und die Kraft des Donnervogels, wer die Scheu kennt, der dann auch wirklich die Courage kennt, der Schneid heißt immer weiterzugehen, alles zu bestehen, nach dem Stürzen wieder aufzustehen, der Sieg ist da, bleibt nicht für immer, aber kommt immer wieder, kommt immer wieder, ein brennendes Herz, ein befreiender Schmerz, die feste Rüstung deiner Erfahrungen geht erhobenen Hauptes, ein befreiender Mut, ein wahrer Mut

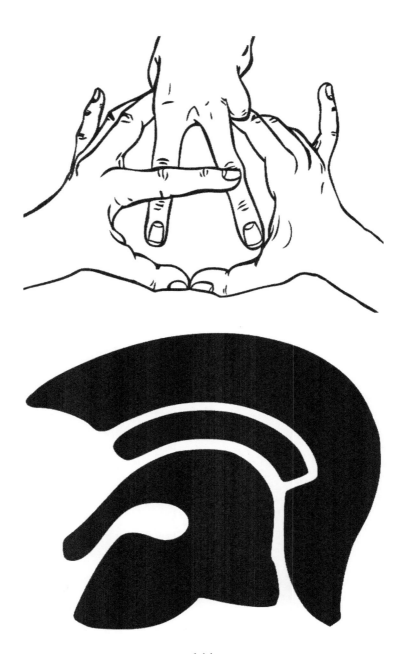

36. Uns kriegen sie nie

Sie sind zu feige und beschränkt, zu arrogant, Machtgebrechen, was sie preisen, auf ihr Zepter wirst du scheißen, Brandzeichen, Label auf die Stirn gesetzt, mehr ist von den Biedermännern, den Königshütern, dem Schleicher – Pack auch nicht zu erwarten, du bist, der, die ihre kleinen Planeten zerfetzt, du bist für sie nur ein menschlicher Roboter, sie werden dich treten, wenn du dich nicht anpasst, dich nicht verneigst, nicht funktionierst, weil ihre Moral der Unmoral dich moralisieren, zensieren, dich niederhalten soll, damit du durch ihr Zepter nur verlierst

Doch/ denn uns zu brechen, das schafft ihr nie, sie wollen, dass wir so sind, wie sie es sind, doch sie kriegen uns nie, wir lassen uns nicht bekehren, gegen Gott und dem Rest der Welt werden wir uns wehren, wir sind frei wie der Wind, frei wie ein Adler im Himmel, uns kriegen sie nie, uns kriegen sie nie, fickt euch ins Knie,, wir sind die Könige unserer Leben, mit Blut und Herz Rebellen, wir sind Könige unseres Meeres und den Wellen, denn wer gegen den Strom schwimmt gelangt zu den Quellen

Das Messer in ihrem Auge, die Made in ihrem Speck, sie kotzen Spott, aber sie kriegen dich hier nicht weg, du bist dein eigener Gott, es ist nicht dein Zoo, es sind nicht deine Idioten, nicht deine Idioten, geh deinen Weg, auch wenn der Sturm sich niemals legt, weil du die zweite Welt, die zweite Kultur belebst, wir sind die Welt der Außenseiter, unbeugsam, wild und frei, Außenseiter, aber Gewinner, Gewinner ihrer Zeit, ihrer Zeit

Ich lass die dreckigen Untertanen, in ihr Elend fahren, ich bin besser der rostige Nagel in eurem Glas, als euer Untergebener, als euer Untergebener, darum mein Freund, brenn das Symbol, das uns verbindet, in meine Seelenhaut, den anderen Weg zu gehen haben, dass haben wir uns jetzt zugetraut, ganz egal, wie viele Mauern, Festungen ihr noch vor uns baut, wir trotzen dem Zeitgeist, dem Zeitgeist,
wo keine Kläger sind, gibt es keine Richter (2x)

Subkulturen are united!!!

37. Nervenfeuer (Escape – Room)

Klaustrophobie habe ich nicht, darum sperre uns bitte ein, mit diesem Raum mit mir und meiner Freundin allein zu sein, in einen kleinen Raum, in einen kleinen Raum voller Rätsel, voller Abenteuer, fast eine Stunde für den Nervenkitzel, der Preis dafür ist mir nie zu teuer, ein Raum verkleidet, alles im Mini – Format an diesem Tag, alles in Einem: ein OP – Saal, ein Saloon, eine Domina - Zelle, willkommen im Escape – Room, im Escape – Room

Eine Theke, viele Zahlen, Skat – Karten, viel Namen, Scheren, Gerten, Pinzetten, Lederbetten, Knebel, Dildos, ein Hebel, ein Hebel, der hakt, was für ein aufregender Tag; Detektive, Abenteurer, Spieler, Gewinner und Verlierer, Kopfpranger, Klammerentferner, so viele Dinge und kein Lärm, die Lösung des Rätsels ist uns so nah und deshalb so fern

Kommen wir hier jemals raus, ein Raum ist wie ein ganzes Palasthaus, ein wahrer Traum,
wir wollen hier eigentlich gar nicht weg, das Nervenfieber ist alles, erfüllt uns einen ganzen Nervenzweck

Ich schmuggelte viele Kurze rein, ich saufe sie jetzt aus, weil ein Raum ist für mich heute ein ganzes Lebenshaus, vielleicht komme ich dann auf die Lösung, ich gebe niemals auf,
der Raum ist voller Uhren, verschiebt sich für mich 3- dimensional, ein Schiebepuzzle, Zahlencodes, Geweihe an der Wand, der Wahnsinn hat uns in der Hand, den Raum haben wir geschafft, doch Geld für den nächsten Raum haben wir leider

nicht, Klaustrophobie habe ich nicht, knacken wir den Raum und kommen dann die Wächter, flüchten wir schnell in den Panikraum, in den Panikraum, vielleicht ist er auch ein versteckter Escape – Raum, Escape – Raum

Ich sehe im Panikraum alles doppelt, Mumien kommen plötzlich an mich heran, ich weiß nicht, ob man zu ihnen sprechen kann, ein Bildschirm geht plötzlich an, eine Brockenhexe erscheint, die gar nichts sagt, gar nichts sagt, eine Mumie zieht sich aus, eine halbnackte Ordensfrau erscheint aus der Mumien – Kleidung, sie öffnet eine Box, eine Schlange kommt hervor, sie beschwört sie und die anderen Mumien ziehen sich aus, Nonnen erscheinen daraus und ziehen sie nochmals aus

Nackte Nonnen ficken plötzlich Gang Bang, der Panikraum ist kein Panikraum, kein Escape – Room, er ist ein Gang Bang – Raum, wir fragen, was diese Freak – Show soll, eine Nonne sagt:„ Es tut uns leid, ihr habt euch im Raum geirrt, der Panikraum ist für uns, das hier ist unserer Raum, der Escape – Room – Belohnung für unsere geschafften Escape – Rooms!" Wir fragen:„ Scheiss Orga! Was ist das für eine Hexe am Bildschirm?" Die halbnackte Nonne antwortet:„ Das ist unsere Fickkönigin! Wir sind eine Fick – Gemeinschaft einer schöner Teufelsschaft! Und dieser Raum ist jetzt ihr Thron! Ihr Thron!"

Wir haben keine Klaustrophobie, wir bleiben einfach hier, wir machen einfach mit, bei diesem Massenfick! Und da es nicht unsere Belohnung war, sind wir für nächstes Mal disqualifiziert, disqualifiziert, sperren uns in unsere Wohnung ein und bleiben beim Ficken diesmal ganz allein, ganz allein, allein

38. Venedig der Hölle

Ich will dich,, ‚du willst mich auch", ich weiß, das, was ich eigentlich gar nicht weiß,
ich liebe dich, deshalb jage ich dich, der Beweis, dass Amor für uns seine Pfeile schießt, mein Blut für deines fließt, das demonstriere ich dir, mit Schweineblut und Feuerrauch,
die Schaufensterpuppe in deinem Auto mit dem Messer im Bauch, ich will dir erklären, dass ich dich liebe, dass ich es wirklich kann, ich zeige dir, wie eine Puppe aus Holz lichterloh brennen kann

Ich habe Handschellen als Ringe für uns, einen blutverschmierten Klunker für dich, nur für dich,
eine Keule als Kuss für dich, nur für dich,
ein Tattoo aus Narben, das uns verbindet, steche mir, mir und dir,
ich bleibe somit für immer bei dir, heute habe ich eine Halskette, morgen ein Halseisen für dich, nur für dich, ich werde für dich sorgen, glaube meinen Worten, auf der ganzen Welt werde ich dich orten, ich bin krank, ich bin krank, abgrundtief krank

Ich bestell dir Schlips und Anzug, ein Ticket für einen Venedig – Flug,
ein Männerstring und eine Zombie – Dornröschen – Maske,
ich bin der Schatten an deinem Fenster, die Symbolik für weiteres: Blutkessel und Hexenfratze,
doch mein Venedig ist die Hölle, die Hölle, ich bilde mir ein, dass du mich liebst, du deine Angst, davor besiegst, ich fantasiere, es geht mit uns nach vorn, doch bewege mich selbst in

einem Teufelskreis, mein Strauß aus Stechpalmen und Messer-set, eine Liebe, die keine Liebe ist, hat einen hohen Preis

Ich schenke dir Reizwäsche, schicke dir jeden Tag einen, „poetischen" Pseudo – Liebesbrief,
ich bin der böse Geist, den ich selber rief,
ich kann nicht von dir los, du sagst du:„ Ich liebe dich nicht ",
warum lügst du so viel,
was soll das bloß? Mach mich nicht zum Opfer, mein Zorn ist viel stärker als dein Abstreiten, dein ewiges Abstreiten,, ich inhaftiere dich, nehme dich fest, mein Herz aus Hass und As-best, für mich es zu dir niemals weit, Einbildungen, Liebes-wahn, Blutrosen der Besessenheit

Gewalt und Kontrolle sind meine Art zu, „lieben", bin von einer bösen Macht getrieben,
du bist der Pseudo – Sinn in meinem Leben, du bist der Star in deinem eigenen Horror – Psycho – Film, mich wird es für dich immer geben, in deinen marternden Gedanken werde ich für immer wohnen, spring für mich doch im Dreieck, wenn du meine Videodrohnen siehst, ich frage mich, warum du vor ih-nen immer fliehst?

Tollkirsche, Cutter und Aronstab sind der Strauß meiner kränk-lichen Liebe, der wütende Einhornprinz und sein X – Tag, Kot, Gleitmittel und Drohbriefe, „schmücken" unseren Altar, kommst du nach Hause, steh ich schon vor deiner Tür, ich bin immer für dich da, immer für dich da

39. Status quo

Ich will mich besaufen und das mache ich jetzt,
ich will aber auch nicht abstürzen, nur abgehen auf eine andere Art und Weise, wirklich hoch zu schweben, einen schönen Status quo in meinem Leben abzuheben,
ich will nicht kotzen, ich will lieben, ich will Ekstase, ich will lieben, Glitzer/ Glitzer in meinem Kopf, eine schöne Sagenwelt, wilde Lichter in meinem Kopf

Ich will weg, weg von hier, genau hier und jetzt sein, grenzenlos frei sein,
Lilith höre ich schon nach mir schreien, ich schwebe, obwohl ich gar keine Flügel habe,
endlos werde ich abrocken, die triste Welt schocken und preise den Zustand unendlicher Tage,
eine große Welt, die in mir ist, Zeit sie zu leben, auf, dass man das graue Land vergisst

Auf der Zunge liegt ein Herz der Freude mit den Tropfen von Whiskey und wildem Wein, mitten in die Gefilde der Seligen hinein, in mir Flammen von Serotonine, Dopamine, Endorphine, Sexus, Suff, Dionysos, Schweißperlen, Wolken der weitesten Höhen; ich will mit Rati stöhnen, die Ödnis verhöhnen, eine Anrichte der Fleischeslust, schwerelos, in meinem Hirn, in meiner Brust, ein Zustand der Mikrogravitation, Zeit sich selbst zu belohnen, sich selbst zu thronen, die Welt, die in mir lebt, habe ich draußen mal wieder belebt und wieder belebt

Die Nacht ist noch so jung, noch so jung, ich smasche Dämonen auf dem Dancefloor,
öffne in der Luft einen Palast und sein großes Tor, abfeiern, alles geben, was Einmaliges erleben

Der gute Drache ist nun in mir geweckt, so zeige ich mir selbst, was für eine große Welt in mir steckt, nach ein paar Shots erscheint mir ein gefallener Cherub, er bringt mir Benzin für mein Lebensblut, die Tafel meiner Frevel war noch nicht genug, ich lass die Boa und den Seeräuber in mir geschehen, wirklich zu leben, und dann kann ich sagen, ich habe meine Welt gesehen

40. Ein Herz in Flammen

Mein Herz fängt Flammen, diese geben meinem Herz einen Namen,
da ertönt ein blaues Licht im Regen der Straßen,
es ertönen Stimmen in uns, Gerechtigkeit zu erschaffen,
ich bitte dich zum Tanz im Regen, in dem Regen des Wasserwerfers,
das blaue Licht ist unser Disko – Licht, das Reizgas ist der Stoff für die Nebelmaschine,
denn unsere Botschaft heißt Blüte und Piratenliebe

Das Bühnentauchen ist der Weg, der mich fliegen lässt,
schreiben wir Geschichte, dass man uns nie vergessen lässt,
wir geben uns die Antwort auf die Frage warum,
wir gehen weiter, bleiben niemals stumm

Liebe, Sex, Entschlossenheit und Leidenschaft,
Worte wie Pyro – Rauch auf einem Piratenschiff,
Lebensfeuer, Lebenskraft,
mein Körper breitet seine Flügel aus, meine Seele, sie ist frei,
ein weiter Flug, ein lauter Schrei, für die Freiheit, gegen das Teufelsgift

41. Teufels Gotteskreuz

Hebt den Zeigefinger der rechten Hand, auf das Paradies des Nonsens wollt ihr warten, das Sperma kocht, die Natur unterdrücken, die geflogenen Seelen könnt ihr nicht fragen, ein ganzes Leben auf eine Offenbarung warten, Unterjochung und Machtkrankheit, ist das wonach ihr wirklich strebt, Bärte des Hasses, den Kopf in fromme Jauche getränkt, den Gottesknecht, den man im Darkroom nicht gleich erkennt, die Untergebene zur Vermählung gezwungen, die verdreckte Krone errungen, weil ihr das böse Dschanna und keinen Himmel auf Erden lebt, euren Groll als Gottes Hingabe verdreht

Das gestörte große Tier ist ein Sadist, ein pädophiles Schwein, die Bestie ein krimineller Satanist, Schinder und Schänder in dunklen Gewändern

Leviathan Kreuz, Satans Kreuz, rechter Zeigefinger, Teufels Gotteskreuz,
wenn man glaubt, weil man herrschen will, aber nichts weiß, gar nichts weiß,
der Mensch, die Liebe zählt mehr als ein Gott, mehr als ein Gott,
eure Liebe nennt sich Hass, eurer Paradies ist ein dunkler Knast,
euer Himmel ist die Hölle, die Hölle

Taucht das Kruzifix in das Blutgefäß, damit der Verstand verwest, den Heiligen Trank, vermischt das Blut mit Kindertränen, ihr denkt, dass ihr mehr glaubt, als dass ihr wirklich vom Leben wisst, da die Liebe sich in eurer Liebe vermisst, der Priester deckt nachts die Engelsfiguren ab, wendet die Kreuze, preist in der Nacht den Gott, der sich in der Nacht ihn ihm als Teufel erwacht, Verzicht und Keuschheit, die Perversion gedeiht, so wird er sich an Untergebene vergehen, die Kreuze hängen mal, mal so, das Kruzifix lässt der Priester im Blutgefäß untergehen

Die gestohlene Generation der Aborigines,
der fromme Himmel war nur ein gestörtes Luftparadies,
die Krippe des Bösen, düster hier ist jeder Tag,
die Rosen sind Stacheldrähte und Dornen, nie wieder Colonia Dignidad

42. Die Pforten zur Hölle auf Erden

Das Massaker von Maj Lai, das Massaker von Haditha,
der Teufel im Menschen war schon immer da,
Zivilisten, die für den Teufel zahlten, für den Krieg zahlten,
Abu – Ghraib- Folterskandal, Folterskandal,
die Pforten der Hölle öffnen sich, sie öffnen sich

Apokalypse! (2x), das Feuer von Dschahannam, das Böse will des Machtgebrechens höchsten
Rang, die Pforten zur Hölle öffnen sich, öffen sich: Fanatiker der Religion wollen in der Hölle einen Thron, Gulag, Gulag, Menschenversuche/ Gaskammern/ KZ, KZ, eure Zivilisation ist die Barbarei, die Barbarei

Lamaschtu/ femininer Dämon,
die Meisterin der Folter/ die Dämonin der Pein, lasst die Opfer schreien,
Stromschläge, satanische Wege,
Alastair, Alastair, Lamaschtu, die Schädel voller Exkremente,
die Herzen voller mentalem Dioxin, sonst restlos leer

43. Game over

Dein Selfie, dein Gesicht, dir zu eklig, du kannst es nicht ertragen,
zu viel Scheiße, zu viel Dilemma dort draußen, das dich umgibt,
weil du dich selbst gar nicht liebst,
„Warum sollte ich noch länger auf etwas anderes, besseres warten?"
Keine Kontrolle über sich selbst, sich besser auf eine andere Art und Weise einzufrieren, wird eine bessere Welt scheinbar passieren, gar nicht zu merken, wie du immer tiefer in deinen Abgrund fällst, in deinen Abgrund fällst, in deinen Abgrund fällst

Hörst du die Welt, das Geräusch vom Beamen, das Klirren der Schwertklingen, in eine andere Welt bist du abgetaucht, doch die Sucht hat dich schon längst geraubt, sie wird dich immer weiter verschlingen, denn du bist dein eigener Endgegner, du bist dein eigener Hater, wer verliert, beginnt von vorne, bis er wieder verliert, bis er wieder verliert und am Ende alles verliert, du bist schachmatt, jetzt ist, ‚Game over", es bleibt dir nur eine Schuldenschrift, ein Spieler auf Aggression, wie ein Junkie auf braunem Gift, wie ein Junkie auf braunem Gift

Das Hirn ist auf Belohnung konditioniert, doch du bist dabei mit deinem inneren Feind konfrontiert, ein Glücksgefühl, etwas, was du draußen nicht bekommst, dein Geist immer weiter verkommt, des Teufels Kasino, Wettbüro, Spielautomaten, deine ganze Kohle wirst du hier verbraten, du jagst keine Spritzen in dich rein, doch in ein paar Sekunden wirst du mal wieder ganz woanders sein, eine virtuelle Welt, die VR- Rosa – Brille aufgesetzt; das Rad der Selbststeuerung ist längst zerfetzt

Hier kannst du der Pseudo – Held deiner Träume sein, selbst scheinbar erfolgreich agieren, doch Sucht ist eine Flucht, das Zocken ist dein Crystal Meth, lass uns deinen Untergang zelebrieren

Ein böser Konsum, nur ein kurzer Ruhm, sonst nur Niederlage, nur Niederlage, was bringt ein Spiel ohne Nervenkitzel, es regiert der Reiz, das Spiel zu gewinnen, doch wer kann das Spiel gewinnen, der sich schon selbst längst verloren hat, Tag für Tag, zu viele Schlagringe und Katapulte im Gehirn, Dollarkugelketten auf deiner Stirn, die Splitter bringen kein Glück, auch nicht im Spiel, auch nicht in diesem Spiel, der Teufel verdient gut an dir, an deinem blinden Tier in dir, er schaut auf dich herab, Blatt für Blatt, Cent für Cent und der Geldhaufen brennt, er brennt und verbrennt

44. Böses Wesen

Du schmilzt dein vereistes Herz mit dem Frost dieser Tage,
du bist das Unheil, die Seuche, die allerschlimmste Plage,
du bist der Seelsorger, der als ein Seelenfänger tickt,
du bist der Wundheiler, der Säure in die offenen Wunden kippt

Du agitierst, indoktrinierst, verleitest und geleitest, du verführst, lockst deine Lämmer zum Paradies, das die Unterwelt ist, soll der Rest doch in Ketten liegen, Eiter saufen, für dich große Burgen bauen, der letzte Feind dann im Loch deine Scheiße frisst, Blizzard, Pandemie, Blutgier wie noch nie, Verwahrlosung, Zwangsrekrutierung, das Kulturgut in Trümmern und in Flammen, die Zeit der Hölle ist da, die Zeit der Welt ist um, keine Gnade ist dein Erbarmen

Du erscheinst als schöne Maid in einem weißen Kleid,
doch du bist Belphegor, ein Dämon in Person,
dort deine Knechte, dein dienendes Pack, die Welt wird dein Thron

Du bist ein Wesen, das noch niemand kennt, dass man nicht immer gleich benennt,
ein Wesen in 1000 anderen Wesen,
heute Dämon, morgen der König der Hölle, dann wieder das Scheusal in Engelsgestalt,
ein Wesen mit 1000 Gesichtern, kämpfend für seinen eigenen Urknall,
der Therapeut, dem Psychopathie durch den Schädel knallt

Du bringst die Türme zum Stürzen, verbrennst die Wälder und bringst die hohen Fluten,
in den Gemäuern der Ignoranz wird dein Geist immer weiter spuken,
du bist der Bringer des Virus, lässt dich auf alles Schlechte reimen, du verschlingst den Himmel mit roten Rauchschwaden, die Sonne wird nicht mehr scheinen, nicht mehr scheinen

Du bringst den Flieger zum Fallen, die Erde zum Beben, du wirst dich aus dem tiefsten Abgrund erheben, du bringst den Zug zum Entgleisen und schmiedest ein gefährliches Eisen,
du wäschst die Hirne dreckig, vergiftest das Wasser, du bist der Bringer der Atomwolke, der Verstand ist blasser als blass, übler Spielzug und Giftgas, im Sommer fällt Andenschnee, für das Gefolge, die Kampfschmerzen bei der Blutlust zu lindern, im Herbst fällt ein blutiger Regen, nur ein blutiger Regen, auch auf die Haut von Kindern

Du bist der Tierpfleger, der gerne lebende Frösche in Gläsern quält,
wahre Liebe ist das, was dir am meisten fehlt,
du bist der Fürsorger, der den Psycho – Terror liebt, nur das, was du nimmst, ist das, was du gibst,
hier bist du jetzt, der Teufel aller Teufel, der neue Meister der „Legio Daemonum", sein Reich auf der Erde ist jetzt nah, Phosphor, Belphegor, Höllentor

45. Wie Gott mich schuf

Ich trage unten keine Piercings, keinen Hodenfallschirm, keinen Hodenstrecker,
doch ich zieh mir meinen Mantel über mein Adam – Kostüm und laufe in den Park,
mich so zu zeigen, so wie ich es am liebsten mag

Ja, ich habe große Lust, mich euch zu zeigen, wie Gott mich schuf, ich komme, wenn ihr gar nicht nach mir ruft,nein, ich belästige euch doch nicht, nein,das tue ich nicht, doch schon nach geraumer Zeit, da fehlt mir jetzt was zu guter Letzt, ich hab die OP und die Tage darauf nur ganz kurz
mitbekommen ich,lag bei meinem Erwachen wieder in meinem Bett, kann mich an nur an eine Maske erinnern, neben meinem Kopf liegt jetzt meine Pimmelhantel, doch meine Pimmelhantel, die brauche ich jetzt nicht mehr, das, was ich habe, ist doch der Körperrest, den Rest unter meinem schönen Mantel

Der Vorhang ist gefallen, der Mantel, der ist auf, großes Geschrei, ihr seid mir alle verfallen, denn an meinem Adam – Kostüm findet ihr doch alle großes Gefallen, ich lauf so herum wie Gott mich schuf, unten herum, laufe ich jetzt so herum, wie ein Eunuch, wie ein Eunuch

Ich kann keine Latte in eine Travel Pussy stecken,mit keinem Eichel – Masturbator Libido in Schwüle versetzen, ich kann keinen Eichelring, keinen Hodenring tragen, einfach keinen Peniskäfig tragen, jemand hat mich über Nacht zum vierten Geschlecht gemacht, doch eine Vier steht nicht wie eine Eins, unten ohne, mein großer Stolz amputiert in einer Nacht, in einer Nacht, ich weiß nicht, wer mir den Penis und den Sack gestohlen hat, mir gestohlen hat, ich will es wissen, wer mir ihn gestohlen hat und gehe wieder auf Tour, wieder auf Tour, Nacht für Nacht, Tag für Tag

Wer hat mir ihn denn nur entfernt, doch auch ohne ihn zeige ich mich euch bei Sonne oder unter dem Nachthimmelstern, draußen brauche ich keinen Spiegel in der Manteltasche, ihr seid mein Spiegel, hab nur eine lasche Schleife, warum seid ihr nur so empört, warum ist es so, dass ihr euch an purer Natur so stört, schreit ihr wegen meinem nackten Körper oder weil mein bestes Stück mir fehlt, mir beileibe fehlt, oder etwa, etwa beides? Vielleicht weiß einer von euch, wer mir mein bestes Stück gestohlen hat, mir gestohlen hat?!

Ich will meinen Hammer nach meiner Vorführung im Wald endlich wieder schrubben, doch er ist nicht mehr da, nicht mehr da, einfach nicht mehr da,
ich bin kein Zwitter, ich bin ein Eunuch, der den Räuber seiner Juwelen sucht, nach dem Räuber seiner Juwelen sucht

46. Der Tag der Ehre

Mit dem Rücken an der Wand, verstoßen, nach außen verbannt, die Ächtung, die Verhöhnung, zeige den kleinen Geistern den Mittelfinger,
lieber der Outcast, der Verfemte, der Spinner, als ihr kriechender Lakai,
gekreuzte Säbel, ein Leben ohne Knebel, es kommt deine Zeit, dein Tag, du schwörst dir selbst einen Eid, es kommt der Tag deiner Wahrheit, deiner Wahrheit

Wer du bist, weißt nur du, deine Ehre erblüht,
das gebrannte Zeichen im Feuer der Revolte erglüht,
wer du bist und was du wirst, das bist du und lebst nur du,
sei stolz auf dich, auf dich und dein Licht, sei der, der ihre Schwerter der Lügen zerbricht

Reiß die Burgen ein, lass das Gesindel doch nach dir schreien, sei stolz auf dich und deine Träume, dein Tag, er wird kommen, an dem du vor ihre Schädel, auf ihre Füße scheißt,
lebe deinen Stolz, deine Träume, du bist der, der stolz auf sein Leben ist, der Kämpfer, der die Netze der kleinen Geister zerreißt, der Tag wird kommen, dein Tag der Ehre, der Tag der Ehre

Im Schlamm und der Jauche der Heuchler bist du der Kämpfer erhobenen Hauptes, der sich nicht niederbeugt, keinen Gedanken der Freiheit je bereut, fick den Schranzen und den Edlen ihrem Schleim, ihre borniete Dummheit und was sie erbrechen, durch dein Ziel, durch deine Ehre, wirst du dich an den Leiden rächen,

dein Recht ist der Kampf, der Kampf der Gerechtigkeit, der Gerechtigkeit,
und du wirst triumphieren über ihre Wüste der Beschränktheit,
es kommt der Tag deiner Zeit

47. Freier Fall

Ich bin dein Chauffeur, ich fahr dich hin, wo immer du auch willst,
ich trage deine Taschen, dein Lack und Leder, deine schweren Schläge sind mir leicht wie eine Feder, du bist die Meisterin, die Unsterbliche, die meine Träume stillt,
der Ring ist keine Trauung, doch ein Magnet und ein dunkles Seil, das wird uns nie verlassen, hast du mich um meinen Atem beraubt, dann lass ihn brennen, wenn ich vor dir flüchte, kriegst du mich hoffentlich noch zu fassen

Bei dir bin ich frei, denn bei dir bin ich gefangen,
dann bin ich all den Zwängen, vom grauen Rest der Welt befreit, tief in deine Welt eingeschlossen,
ich kann grenzenlose Freiheit in deinem gnadenlosem Gewahrsam erlangen,
von Lava der Passion bin ich begossen, prügel'das Peitschen – Rad tief in meine Haut, wenn gefallene Engel in dem Paradies, deinem Kerkerschloss für mich singen, belohne mich mit dem Halsband als Halskette um den Hals und mit Nadelküssen auf meinem Haupt

Ich kann nicht freier sein als bei dir gefangen zu sein, bei dir zu sein,
ich konnte noch nie so viel sagen als jetzt mit dem Knebel,
du bist die Venus der dunklen Welt, die Maitresse meiner Träume im getauten Nebel,
noch nie konnte so hochfliegen, nur mit den Ketten um meinen Schwingen,

gefallene Engel lässt du für mich singen, in dem Paradies, in deinem Kerkerschloss, lass die gefallenen Engel für mich singen, hier ist mein freier Fall, wenn ich falle, fang mich auf, fang mich wieder auf

Mein freier Himmel ist der Käfig, mein Aufschrei der Herrin hörig,
mein Paradies ist ihr Strafpalast, ihre Schwere ist mir keine Last,
ich sehe das Schloss, du hast den Schlüssel, doch ich will ihn nicht, denn ich will von dir nicht fort, ich bleibe an diesem Ort, ich will, weil ich soll, meine Regie verlieren, im schwarzen Kerker Eden Böses zelebrieren, werde dich auf deinem roten Lederteppich auf allen Vieren hofieren,
lass uns auf eine etwas andere Art und Weise meditieren

Mit Manschetten kannst du mich betten, lass mich Feuerwasser von deinen Stiefeln lecken, mit dem Strafbock konnte ich mich noch nie zuvor so gut rühren, meine Rettung durch deinen Knast tief in mir zu spüren, es erglüht das dunkle Paradies, schwarze Orchideen blühen in diesem Verlies, mit einer Binde um meinen Augen konnte ich noch nie zuvor so viel sehen, was noch nicht passiert, lass es endlich geschehen, der Hauch der dunklen Sinne wird nie vergehen

48. Gedankencocktails

Du schaust mich an, ohne die Miene zu verziehen,
ohne etwas zu sagen, du glotzt mich an, länger kann ich deine Fresse nicht ertragen,
soll ich etwas sagen oder dreh mich um und lass dich einfach ziehen?
Plötzlich kann ich hören, was andere denken! Ist das Reichtum oder Bedenken?

Was geht bei dir in deinem Kopf? Wollen wir ficken? Dann fang endlich an zu nicken, bist du mein Freund oder mein Feind? Wollen wir zechen? Wollen wir uns zusammen gegen etwas vereinen? Werde ich dann zum Casanova oder zum besten Therapeuten? Aus deiner Birne kommt:,,Dogging, Fellatio, 69 …", ja, ich höre jetzt schon deine schönen Freuden

Ja, ich kann jetzt Gedanken hören! Ist das gut? Oder wird es mich irgendwann stören?
Ich will wissen, wer meine Freunde sind und wer ist der Rattenkönig/ die falsche Sau? Wer findet mich heimlich gut/ welche Frau? Und wer ist sonst so ehrlich, ehrlich oder wer ist noch alles falsch, so richtig falsch?

Ich bin meinen Feinden, den Falschspielern immer einen Schritt voraus,
ich kenne deine tiefsten Geheimnisse, deine Lieblingsstellung, deine Rachsucht, deine düsterste Gedankengruft, was du lügst, was du dir nicht traust zu sagen in diesen obskuren Tagen, ich bin auch dir immer ein Schritt voraus, und ich weiß dann, was du wirklich mit deinen Träumen brauchst

Die Gedanken sind nicht mehr frei, ich bin der Allwissende eurer von mir gehörten Gedanken, und der nächste Freak, der Gott spielt,doch ich höre einfach zu viel Stimmen, wann sind die endlich vorbei?
Ich kann dir in deine verdeckten gezinkten Karten sehen, für mich wäre das immer der beste Deal, können Gedankencocktails auf „Endlos" gestellt, wirklich gesund sein?
Ich dreh durch, aber schenk mir noch mal ein, werde dadurch glücklich oder lässt der Wahnsinn mich dann nicht mehr allein?!

Mit dieser Superkraft bin ich ein Superheld und verhindere Psychopathen – Action, wenn das Böse wieder anschwellt, doch die Farbe deiner Klobrille ist mir so wichtig wie dein Reklamefernsehen,
aber dein Toy – Set ist interessant, weil du Single bist, sonst krieg ich von den anderen Reizen von Überflutungen allmählich zu viel, zu viel

49. Los!

Ich saufe die letzten Gläser auf den Brücken, die allmählich anfangen zu brennen, ein Kapitel wird nun geschlossen, ich will weg, schwerelos, voller Freiheit sein, niemand hält mich auf, nichts kann mich jetzt noch halten, wilde Engel,die in meinen Ohren hallen, meine feste Faust lässt meinen festen Entschluss erkennen, diese Konsequenz bleche ich gerne, ich will ins Reich der Sterne, kennst auch du die Sekunde, bevor die totale Freiheit durch deinen Körper und deine Seele ballert? Meiner Fessel bin ich ein guter Cutter, lass mich los, weiche mir, es geht jetzt los, es geht jetzt los

Ich muss herunterkommen, zu mir selbst zurückkehren, soll der Rest der Welt sich doch beschweren, Osho, Metta/ meditieren oder Wutraum? Ich will weg, ich will zur Startbahn in den eigenen Himmel, ich will dort hin, wo auch die Landebahn ist, ich muss mir was Gutes tun, Luft strömt über meine Flügel, ich bin der Mensch, der gerne bei sich ist, so viel blind gewesen, zu wenig bei dir gewesen, doch jetzt ist Neuanfang, Zeit neu zu leben

Ich hebe ab, ich will zur Sonne, ich will zu den Sternen, abgehen, einfach alles entkernen, keine Grenzen, keine Schranken, kein Siff in meinen Gedanken,
ja, hier bin ich frei, wirklich frei, vom Ballast dieser Welt,
mein Glück werde ich mir nie verwehren, ich hebe ab, ich will zur Sonne, ich will zu den Sternen, zu den Sternen, die Nacht ist meine Flamme, die Nacht ist meine Flamme

Den Geist in meinem Kopf, ich lass ihn schwingen,
Chillout oder Action?
Ich will nur meine Trance, keine Gewöhnliche, die mir nichts mehr geben kann,
mit dem, was mich schwerelos macht, diesen Song kann nur ich selber singen,
an nichts anderes denken, an nicht anderes fühlen, nichts anderes spüren,
nur Passion, nur die Hitze der Glut, welche muss ich selber wissen, die Kette der Steppe ist längst gerissen

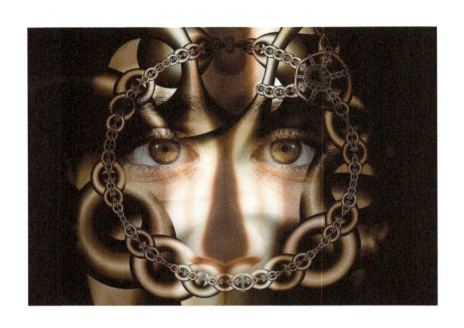

50. Hypochonder

Wenn die Furcht kein Schutzgeist mehr ist,
sondern Schatten und Wahn, eine Boa, die sich durch dich frisst,
ich bin gesund, doch ich fühle mich krank,
ich bin krank, nicht wirklich gesund, ich bin krank,
ich bin gesund und doch bin ich krank

Hypochonder,
im Verstand 'ne böse Anakonda,
es lebe König Paranoia

Tasten Sie mich nochmal ab, bitte verschreiben Sie mir was,
schauen sie auch in meinen Mund,
ich fühl mich krank, warum finden Sie nichts, ich bin doch nicht gesund,
nein du bist nicht gesund, du bist krank, weil du eigentlich gesund bist,
und doch bist du krank, du bist krank

Hypochonder, Anakonda, Paranoia

51. Kampf

Tag Krankheit, du mieses Stück Scheiße,
warum sagst du nichts, du tust mir weh, du sagst einfach nichts,
ich sag dir den Kampf an, ich hab schon über was gesiegt, und
dann besiege, besiege ich auch dich,
dann besiege ich auch dich, alle schöne Momente genießen,
spüre Tigerblut wieder in meinen Adern fließen, der Rizinus ist
schwächer als die Rose, ich trotze der Diagnose

Ich lass mit meiner Glatze meine Haare im Winde wehen,
ich kann die Sonne, den Himmel sehen,
ja, ich besiege auch dich, du beschissenes Gebrechen,
ja, das hier ist ein aus hunderten Kämpfen wahres Märchen,
der Lucky Punch für das Leiden, ich werde siegen, du beschissenes Übel, ich werde es dir zeigen

Ich lass die Sonne auf meine Blässe scheinen,
ich glänze nicht nur in der Sonne, aber werde mich mit ihr vereinen,
Horusauge, Heilzauber und großer Glaube,
mein Aufstand, erhobener Kopf, feste Faust, Piratenbrust und
Druiden – Zaubertrank,
Mount Position, Prana, Qi/ Symbol der Lebensenergie und
morgen bin ich der Meister der weißen Magie

52. Die Königin

Es ist Vollmond, koste es voll aus, aus deinem flambierten Leben,
um Mitternacht lässt du Rosenblätter auf deinen nackten Körper regnen,
du sprichst nach dem Namen, nach dem du glühst, für du dein Herz erblühst,
die bösen Geister, die du riefst, sind zum Glück immer noch da,
und aus Gehenna wird das zweite Gomorrha

Doch auch wenn deine Magie, deine Beschwörung, deine Worte nicht in Erfüllung gehen,
ist es doch so, dass deine weiße Hexerei dich dann auch nicht betrügt, dich nicht belügt,
jemand anders wird dich dann lieben und du wirst die Tränen besiegen,
scheiß auf den Glauben, das Ritual ist der Spaß, der zählt, die beste Attitüde gewählt,
im Geiste Schutzsymbol und Lebenskraft, die Psycho – Kraft, die Kraft, die dir deine Welt erschafft

Glaub nur an dich, glaub nur an dich selbst und an dein Licht,
schwarzes Kloster von Gomorrha und weißes Hexenwerk,
Liebescocktail und Dämonenball, dort oben hoch auf dem Hexenberg

Sei deine Königin deiner Schöpfung, die Königin deines Selbst,
deiner Natur, die Königin deines Selbst,

ohne Teufel und ohne Gott, ohne Eros und ohne Behemoth,
auf das, dass die Nonne in der eigenen Hölle schmort,
denn keine Sünden bestrafen die gelösten Götter sofort

Das Kainsmal des guten Wesens, nicht des bösen Urians brennt in deiner Haut,
die Befreiung aus Gehenna hast du dir zugetraut,
werde deine eigene Meisterin von deinem Hier und der Ferne,
höre auf dich selbst und auf deine Sterne, nicht auf den Seher und seinen Tarotkarten,
er macht dich gutgläubig, frustriert und blind und deine Zeit zerrinnt,
den frivolen Himmel willst du erleben und nicht auf ihn warten

Tue, das was du willst, ohne jemanden zu schaden, das Reich der Natur ist für jeden ohne Zwang und lässt dir verklagte Engel durch deinen Schädel jagen

Den Satan und den Gott verhöhnen, im Kloster von Gomorrha stöhnen,
Trommeln, Ukelele, Reptilien, der Bourbon und seine Flut,
Weinkelch, Hexensabbat, bemalter Thorax, der Feuerkelch und seine Glut,
doch dies ist nicht die dunkle Magie, aber Metal – Show= krasse Seelen – Energie,
pisse auf Astaroth, auf Voodoo, auf den Amor – Gott, denn nur du bist selbst dein verdorbenes Grün, die Welt in dir, lebt in dir, lass sie dir erblühen

53. Triggerwarnung

Du bist Kindergärtner, du bist pädophil, du bist Friedhofsgärtner, du bist nekrophil,
du leckst Panikschweiß von den Kinderkörpern, auf deiner Seele wachsen Teufelshörner,
du badest ihre Lilien in Blut bei ihrem Trip auf Chloroform,
du weißt nicht wie dein Herz lodern soll, so hast du dich in Perversion und Zorn verloren,
die Sense, Sperma im Blutbad, so abartig, dass nur der Teufel zu träumen wagt

Die Pflegemutter ihre Schützlinge schindet, auch ihre Kinder, die Pflegekinder quälen, der Glaube an die Menschheit mal wieder schwindet, Kinder entehren Kinder, Eltern inhaftieren ihre Kinder, Inferno – Sommer, nuklearer Winter, krankes Königspaar, früher mussten sie Schwänze lutschen, heute lassen sie Schwänze lutschen, Menschensteaks, Menschensuppe, aus dem toten Menschen wird eine ausgestopfte Puppe

Diese Weltszenen, so böse, verkommen und krank,
und überall dem knallt der Soundtrack des Untergangs

Du bestellst Sexsklaven ohne Gliedmaßen im Darknet, vergewaltigst sie in ihrem unfreiwilligem, „Ehebett", der Folterchat interaktiv, so krank intensiv, der Code zur digitalen Foltershow und machst dein eigenes Kind zu deiner Braut

Ausgehungerte Werwölfe lauern in den Wäldern und auf Feldern, sie dienen dem Teufel als Knechtschaft, sie schlagen und beißen einander, denn unter Werwölfen gibt es keine Freundschaft

Ihr schickt euren Opfern Phobien, die Panik der Täter vor echten Gefühlen, das Böse in Haut und Seele spüren, nur dann, wenn sie sterben, nur dann spürt ihr, dass ihr noch am Leben seid, Rituale, Teufelsanbetung, Foltersperma, Teufelszeit, ihr seid das Propangas an den Flammen, das Böse trägt neue Namen, was tun, wenn Hexen mal wieder bei der Wasserprobe nicht fliegen können, nicht fliegen können, was tun, wenn das Kindermädchen Baba Yaga ist, Baba Yaga ist

Hier unten der Link zum Buchtrailer des ersten Werkes, „Verfechter der Subkultur":

https://www.youtube.com/watch?v=UjRglodncXo

Das Buch, „Verfechter der Subkultur" ist als Hardcover, Paperback und als ebook beim Verlag tredition GmbH Hamburg bestellbar.

Paperback 11,99 €
Seitenanzahl: 252
SBN: 978-3-347-23866-4

Hardcover 19,99 €
Seitenanzahl: 252
ISBN: 978-3-347-23867-1

e-Book 4,99 €
Seitenanzahl: 252
ISBN: 978-3-347-23868-8